... **Títulos relacionados**

SSCE0212
PROMOCIÓN PARA LA IGUALDAD EFECTIVA
DE MUJERES Y HOMBRES

[DISPONIBLE CERTIFICADO COMPLETO]

Solicítalos en:
- Librería
- www.paraninfo.es
- Solicitudes nacionales +34 914 463 350
- Solicitudes fuera de España +34 913 308 907, +34 913 308 919

Análisis y detección de la violencia de género y los procesos de atención a mujeres en situaciones de violencia

UF2688

Lucía Guardia Ruiz

Análisis y detección de la violencia de género y los procesos de atención a mujeres en situaciones de violencia

© Lucía Guardia Ruiz

Gerente Editorial
María José López Raso

Equipo Técnico Editorial
Paola Paz Otero
Sofía Durán Tamayo

Editora de Adquisiciones
Carmen Lara Carmona

Producción
Nacho Cabal Ramos

Diseño de cubierta
Ediciones Nobel

Preimpresión
Ediciones Nobel

Todas las marcas comerciales mencionadas en este texto son propiedad de sus respectivos dueños. La editorial ha realizado todos los esfuerzos posibles para poder citar fidedignamente las fuentes del material reproducido. Si se hubiera producido alguna omisión, pedimos que nos hagan llegar por escrito la solicitud correspondiente para subsanar el error en futuras ediciones.

COPYRIGHT © 2025 Ediciones Paraninfo, SA
2.ª edición, 2025

C/ Sierra de Guadarrama, 35. Naves 2, 3, 4 y 5
Polígono Industrial San Fernando II
28830 San Fernando de Henares, Madrid

Teléfono: (+34) 914 463 350
clientes@paraninfo.es / www.paraninfo.es

ISBN: 978-84-283-6915-2
Depósito legal: M-5034-2025
(31.469)

Impreso en España / Printed in Spain
Liberdigital (Casarrubuelos, Madrid)

La editorial recomienda que el alumnado realice las actividades sobre el cuaderno y no sobre el libro.

Índice

Introducción normativa

La Ley Orgánica 3/2022, de 31 de marzo, de ordenación e integración de la Formación Profesional, contiene una disposición derogatoria única que afecta a la regulación de los certificados de profesionalidad, ahora denominados **Certificados Profesionales.** La referida normativa deroga la Ley Orgánica 5/2002, de 19 de junio, de las Cualificaciones y de la Formación Profesional, y abre un escenario de cambios que se irán implementando progresivamente.

La Ley Orgánica 3/2022, de 31 de marzo, de ordenación e integración de la Formación Profesional implica que toda la formación es acumulable. La oferta formativa se estructura de forma escalonada, siendo los Certificados Profesionales un nivel intermedio (Grado C) de una escala que va desde el Grado A hasta el E.

En los artículos 35 a 38 de la Ley 3/2022 se describe en qué consisten estos Certificados Profesionales: su oferta, formación asociada, estructura, duración, acceso, titulación y validez. Posteriormente, esta normativa se completa con lo dispuesto en el Real Decreto 659/2023, de 18 de julio, que desarrolla la ordenación del sistema de Formación Profesional. Concretamente en los artículos 67 a 81 es donde se hace referencia a la oferta formativa de Grado C, correspondiente a los Certificados Profesionales.

Están agrupados en 26 familias profesionales con características comunes del sector. En la actualidad hay más de medio millar de Certificados Profesionales incluidos en el Repertorio Nacional. Esta cifra no deja de crecer. Además, cada certificado está específicamente regulado por un real decreto.

Un Certificado Profesional corresponde al Grado C de la oferta del Sistema de Formación Profesional. Es un documento oficial, con validez en todo el territorio nacional y debe constar en el Catálogo Nacional de Ofertas de Formación Profesional, que certifica la capacitación para el desarrollo de una actividad profesional.

Debe detallar los módulos profesionales superados y los estándares de competencia profesional asociados a él e incluidos en el **Catálogo Nacional de Estándares de Competencias Profesionales**, así como su correspondencia con el Marco Español de Cualificaciones.

Despliegan su validez en un doble ámbito, laboral y académico:

- En el contexto laboral tienen validez profesional, porque acreditan las competencias en una determinada profesión. Para poder trabajar en algunas profesiones, se exigen determinadas cualificaciones, y los certificados sirven para acreditarlas.

- Asimismo, tienen validez académica, puesto que permiten continuar un itinerario formativo siempre que se cumplan los requisitos de acceso para cursar la titulación deseada. De tal modo que, los Certificados Profesionales que sean parte de un Grado D permitirán la matrícula modular para completar los módulos establecidos en el currículo y obtener el correspondiente título de técnico básico, técnico o técnico superior con validez en todo el territorio nacional.

Para obtener un Certificado Profesional (Grado C) es preciso cumplir con los requisitos de acceso para realizar la formación.

Estructura de los Certificados Profesionales

I. Identificación: denominación, familia y área profesional a la que pertenecen; nivel de cualificación profesional (1, 2 o 3); cualificación profesional de referencia; entorno profesional y módulos formativos que esté previsto cursar junto con la duración de cada uno de ellos.

II. Perfil profesional: incluye las competencias profesionales requeridas en el mercado laboral. En todas ellas se concretan las realizaciones profesionales y los criterios de realización.

III. Formación: describe los módulos formativos que esté previsto cursar para adquirir las competencias requeridas. En cada uno de ellos se indican las capacidades que se pretende alcanzar y la duración del módulo de prácticas no laborales —PNL—, para el que cabe solicitar exención si se cumplen determinados requisitos.

IV. Prescripciones de las personas formadoras.

V. Requisitos mínimos de espacios, instalaciones y equipamiento.

Los Certificados Profesionales se identifican con una denominación concreta y un código alfanumérico propio, y sirven para acreditar una determinada cualificación profesional. Cada certificado está asociado a una relación de unidades de competencia que, a su vez, se vinculan con una serie de módulos formativos específicos. Algunos módulos están integrados por unidades formativas y tanto unos como otras son, en ocasiones, transversales, lo que significa que se trata de contenidos incluidos en más de un Certificado Profesional.

Los Certificados Profesionales se articulan en tres niveles de competencia profesional (1, 2 y 3) conforme a lo dispuesto en el que será el Catálogo Nacional de Estándares de Competencias Profesionales, anteriormente Catálogo Nacional de Cualificaciones Profesionales (CNCP), según los criterios establecidos de conocimientos, iniciativa, autonomía y complejidad de las tareas, en cada una de las ofertas de Formación Profesional.

La oferta formativa dirigida a la obtención de los Certificados Profesionales tiene carácter modular para favorecer la acreditación parcial acumulable de la formación recibida y posibilitar así el avance en el itinerario de Formación Profesional para cualquiera que sea la situación laboral de cada persona en cada momento.

En definitiva, el Grado C constituye la oferta, parcial y acumulable, del sistema de Formación Profesional, de varios módulos profesionales del catálogo modular de Formación Profesional por razón de su significado en el mercado laboral y conducente a la obtención de un Certificado Profesional.

Las ofertas de Grado C de Formación Profesional tendrán por objeto módulos profesionales incluidos previamente en el catálogo modular de formación profesional y asociados al Catálogo Nacional de Estándares de Competencias Profesionales.

Finalidad de los Certificados Profesionales

- Contribuir a la ordenación de un Sistema de Formación Profesional al servicio de un régimen de formación y acompañamiento profesionales que sea capaz de responder con flexibilidad a los intereses, expectativas y aspiraciones de cualificación profesional de las personas a lo largo de su vida.

- Combinar escuela y empresa situando a la persona en el centro del sistema.

- Facilitar el aprendizaje permanente de toda la ciudadanía mediante una formación abierta, flexible y accesible, estructurada de forma modular, a través de la oferta formativa asociada al certificado.

- Acreditar las cualificaciones profesionales o las unidades de competencia recogidas en estas, independientemente de su vía de adquisición, bien sea través de la vía formativa, o mediante la experiencia laboral o vías no formales de formación.

- Favorecer, tanto a nivel nacional como europeo, la transparencia del mercado de trabajo.

- Contribuir a la calidad de la oferta de Formación Profesional.

Este libro

El presente libro desarrolla la Unidad Formativa: **Análisis y detección de la violencia de género y los procesos de atención a mujeres en situaciones de violencia. Código:** UF2688. **Duración:** 70 horas.

Está asociada al MF1584_3 Detección, prevención y acompañamiento en situaciones de violencia contra las mujeres, asociado a la Unidad de Competencia UC1584_3 Detectar, prevenir, y acompañar en el proceso de atención a situaciones de violencia ejercida contra las mujeres, perteneciente a la Cualificación Profesional de referencia Promoción para la igualdad efectiva de mujeres y hombres (SSC451_3), incluida en el Certificado Profesional SSCE0212 Promoción para la igualdad efectiva de mujeres y hombres, regulado por el Real Decreto 990/2013, de 13 de diciembre.

La estructura organizativa de los contenidos corresponde fielmente a la establecida por la normativa vigente y más concretamente a los contenidos de la Unidad Formativa: **Análisis y detección de la violencia de género y los procesos de atención a mujeres en situaciones de violencia.**

Contenidos

1. **Caracterización de la violencia ejercida contra las mujeres y gestión de recursos.**
   - Detección de las formas de ejercer la violencia de género más comunes y los contextos más proclives para que se produzca:
     — Tipos de violencia: violencia física, sexual, verbal, emocional, económica, etcétera.
     — Mitos comúnmente compartidos sobre la violencia de género.
     — Características psicosociales de la mujer en situación de violencia de género.
     — Reconocimiento del perfil del maltratador y sus estrategias defensivas.
   - Manejo de indicadores de la violencia de género: físicos, sanitarios, laborales.
   - Detección del ciclo de la violencia y sus etapas.
   - Aplicación de la legislación específica existente y conocimiento de los derechos que asisten a las mujeres que han sufrido violencia de género:
     — Legislación en el marco europeo.

— Ley Orgánica 1/2004, de 28 de diciembre, de Medidas de Protección Integral contra la Violencia de Género. Orden de alejamiento y medidas de protección.

— Plan Integral de Lucha contra la Trata.

— Leyes a nivel autonómico.

- Reconocimiento de protocolos de actuación ante situaciones de violencia contra las mujeres: consideración de situaciones de especial vulnerabilidad.

- Gestión de recursos.

    — Específicos de atención: teléfono de información y asesoramiento gratuito 24 horas, atención, puntos de encuentro.

    — No específicos en el contexto de intervención.

- Coordinación con asociaciones de mujeres y otras organizaciones del entorno de intervención especializadas en el tratamiento de la violencia de género.

2. **Identificación de necesidades y procesos de intervención con mujeres víctimas de violencia machista.**

- Identificación de necesidades específicas de mujeres que han sido víctimas, atendiendo a la especificidad de colectivos en situación de mayor vulnerabilidad (mujeres discapacitadas, inmigrantes, etcétera).

- Caracterización e identificación de las consecuencias de la violencia: procesos de victimización y revictimización.

- Aplicación de protocolos de actuación.

- Establecimiento de pautas de actuación a la hora de informar y asesorar manejando los protocolos o itinerarios de actuación existentes ante un caso de agresión en coordinación con el equipo de intervención:

    — Derecho a la asistencia social integral.

    — Derecho a la asistencia jurídica gratuita.

    — Derechos laborales y de Seguridad Social.

    — Derechos económicos.

- Proceso de acogimiento y acompañamiento en la atención a mujeres que han sido víctimas:

    — Detección de factores que inciden en la vulnerabilidad de las mujeres (características psicosociales múltiples: edad, etnia, discapacidad, lugar de residencia, etcétera).

— Escucha activa y manejo de conflictos.

— Asistencia jurídica gratuita y derivación a servicios específicos.

— Realización de talleres y grupos de autoayuda para impulsar la autoestima de las mujeres favoreciendo la creación de redes.

3. **Procesos de sensibilización, formación y capacitación en materia de violencia de género.**

- Localización de guías y materiales para la sensibilización y la prevención de la violencia de género.

- Procedimientos para la sensibilización de la ciudadanía en el contexto de intervención.

- Procedimientos de coordinación con asociaciones de mujeres del entorno de intervención.

- Procedimientos para trabajar en coordinación con el entorno educativo: profesorado, padres y madres, y alumnado.

- Procesos de capacitación y formación de profesionales del entorno de intervención.

- Actuaciones específicas con menores afectados por situaciones de violencia de género.

■ Nota del Editor

En Ediciones Paraninfo estamos comprometidos con la calidad de la formación e intentamos que nuestros materiales respondan fielmente y con rigor a las necesidades de todos cuantos confían en nuestro sello editorial.

Tratamos de dar respuesta a los currículos de las unidades formativas y de los módulos que integran los distintos Certificados Profesionales, equilibrando la parte teórica con la práctica para que los procesos de aprendizaje se conviertan en experiencias gratificantes, tanto para docentes como para las personas inmersas en los procesos formativos.

Nuestros objetivos son contribuir de forma decisiva a afianzar aprendizajes, ayudar a adquirir destrezas que tengan significado para el empleo y conseguir potenciar el desarrollo personal.

Para lograrlo contamos con excelentes autores, expertos en las materias que abordan, en la mayoría de los casos docentes de dichas especialidades con dilatada experiencia tanto profesional como académica, porque buscamos perfiles familiarizados con los contextos laborales concretos a los que se refieren nuestros manuales.

Confiamos en poder serte de ayuda y esperamos tus impresiones acerca de nuestro trabajo. Sean positivas o negativas, serán muy bien recibidas y, sin duda, nos ayudarán a seguir mejorando y trabajando con ilusión para continuar siendo un referente en formación para el empleo.

Agradecemos tu confianza en nuestros manuales. Todo nuestro equipo queda a tu total disposición. Puedes contactar con nosotros en esta dirección de correo electrónico:

info@paraninfo.es

1. Caracterización de la violencia ejercida contra las mujeres y gestión de recursos

Contenido

En este capítulo se fijarán conceptos básicos y las características más impor-tantes de la violencia de género, ya que es imprescindible conocer el fenómeno violento para poder atajarlo desde sus causas, rompiendo mitos y estereotipos.

Cualquier acto violento se desarrolla a través de una situación de dominación-sumisión en la que alguien más poderoso y fuerte pretende someter a alguien más débil a la fuerza. Si nos fijamos en el caso concreto de la violencia contra las mujeres, la situación de desigualdad de estas con respecto a los hombres, se encuentra en la génesis del problema.

La violencia contra las mujeres es la manifestación extrema de la desigualdad, constituye un atentado contra el derecho a la vida, a la seguridad, a la libertad, y la dignidad de las mujeres.

Es imprescindible para poder trabajar de forma efectiva con mujeres víctimas conocer la legislación existente en nuestro entorno más inmediato, así como los recursos que las distintas Administraciones ponen en marcha tanto en la prevención como en la atención directa a las víctimas.

1.1. DETECCIÓN DE LAS FORMAS DE EJERCER LA VIOLENCIA DE GÉNERO MÁS COMUNES Y LOS CONTEXTOS MÁS PROCLIVES PARA QUE SE PRODUZCA

La violencia de género supone un grave problema social, no es una cuestión privada o que afecta a la intimidad del hogar, con consecuencias no solamen-te para las mujeres, sino también para las y los menores, sus familias, en de-finitiva, la violencia hacia las mujeres es una cuestión que afecta a toda la sociedad.

Conceptualizar el fenómeno de la violencia de género, diferenciándolo de otros términos, resulta imprescindible para poner en el centro de atención a la mujer víctima de violencia.

El objetivo de este epígrafe es definir violencia de género, establecer los tipos más comunes, desmontar los mitos habitualmente aceptados sobre la violencia de género, cuyo único objetivo es restar importancia al maltrato hacia la mujer.

Si bien, no podemos afirmar que exista un perfil específico de mujer maltratada, ya que no es un fenómeno que esté ligado a determinados ambientes económi-cos, educativos o sociales, en este apartado estudiaremos las características psicosociales de las secuelas de la situación de la violencia vivida en las muje-res maltratadas.

De la misma manera, analizaremos aquellas características de comportamiento que suelen ser comunes en la conducta de los maltratadores, deteniéndonos en aquellas estrategias defensivas utilizadas por el agresor, con el objetivo de trasladar la responsabilidad de la agresión a la víctima.

Definición de violencia de género

La **Asamblea General de las Naciones Unidas** (ONU, 1993), en el preámbulo de la **Declaración para la eliminación de la violencia contra la mujer**, de 20 de diciembre de 1993, reconoce que:

- La violencia contra la mujer constituye un obstáculo no solo para el logro de la igualdad, sino también para el desarrollo y la paz.

- La violencia contra la mujer constituye una violación de los derechos humanos y las libertades fundamentales e impide total o parcialmente a la mujer gozar de dichos derechos y libertades.

- La violencia contra la mujer constituye una manifestación de relaciones de poder históricamente desiguales entre el hombre y la mujer, que han conducido a la dominación de la mujer y a la discriminación en su contra por parte del hombre.

En su artículo 1, entiende por **violencia contra la mujer,** *todo acto de violencia basado en la pertenencia al sexo femenino que tenga o pueda tener como resultado un daño o sufrimiento físico, sexual o psicológico para la mujer, así como las amenazas de tales actos, la coacción o la privación arbitraria de la libertad, tanto si se producen en la vida pública como en la vida privada.*

En el **Convenio del Consejo de Europa sobre prevención y lucha contra la violencia contra las mujeres,** más conocido como **Convenio de Estambul,** se establece la siguiente definición: *se entenderá por violencia de género la violencia dirigida contra una mujer por ser mujer o que afecte a las mujeres de manera desproporcionada.*

En España, la **Ley Orgánica 1/2004, de 28 de diciembre, de Medidas de Protección Integral contra la Violencia de Género** (BOE, 2004), establece que el objeto de la misma es «actuar contra la violencia que, como manifestación de la discriminación, la situación de desigualdad y las relaciones de poder de los hombres sobre las mujeres, se ejerce sobre estas por parte de quienes sean o hayan sido sus cónyuges o de quienes estén o hayan estado ligados a ellas por relaciones similares de afectividad, aun sin convivencia», y que «comprende todo acto de violencia física y psicológica, incluidas las agresiones a la libertad sexual, las amenazas, las coacciones o la privación arbitraria de libertad».

En el ámbito autonómico, hay que destacar **Andalucía**, en cuyo **Estatuto de Autonomía** se reconoce que las mujeres tienen derecho a una protección integral contra la violencia de género.

En 2007, este derecho se desarrolla en la **Ley 13/2007, de 26 de noviembre, de medidas de prevención y protección integral contra la violencia de género** (BOJA n.º 247, de 18 de diciembre de 2007), cuyo artículo 3 conceptualiza el término **violencia de género:**

«Toda conducta que, como manifestación de la discriminación, la situación de desigualdad y las relaciones de poder de los hombres sobre las mujeres, se ejerce sobre estas por el hecho de serlo».

«La violencia comprende cualquier acto de violencia basada en género que tenga como consecuencia, o que tenga posibilidades de tener como consecuencia, perjuicio o sufrimiento en la salud física, sexual o psicológica de la mujer, incluyendo amenazas de dichos actos, coerción o privaciones arbitrarias de su libertad, tanto si se producen en la vida pública como privada».

ACTIVIDAD 1.1

Busca información sobre legislación de otras comunidades autónomas y compara los conceptos.

Características de la violencia de género

- La violencia de género **parte de la estructura patriarcal** y está basada en las tradiciones, creencias y costumbres que favorecen y mantienen la desigualdad entre sexos.

- La violencia contra las mujeres es **estructural,** su origen no se encuentra en determinados rasgos singulares o patológicos de una serie de individuos, sino en la sociedad que mantiene un sistema de relaciones de género que perpetúa la superioridad de hombres sobre las mujeres, asignándoles distintos roles y espacios en función del sexo, es decir, la violencia de género tiene rasgos estructurales de una forma cultural de definir las identidades y las relaciones entre los hombres y las mujeres.

- Es una **violencia instrumental,** que se utiliza como herramienta para imponer y mantener un modelo sexista y desigual en las relaciones, en las que, por un lado, la mujer se encuentra en una situación de sometimiento, y, por otro, el hombre mantiene unos privilegios que piensa son propios de su sexo.

- La víctima **sufre el abuso y la violencia** por parte de una persona de la que espera recibir respeto, amor y apoyo.

- No existe un grupo o colectivo susceptible de sufrir este tipo de violencia, por el contrario **cualquier mujer puede sufrirla.**

Figura 1.1. La violencia se utiliza como herramienta para imponer y mantener un modelo sexista.

- Puesto que suele ocurrir en el **ámbito privado,** es difícil obtener pruebas.

- Se ejerce de forma discontinua y con intensidad creciente.

- La imagen pública del agresor suele ser la de una persona «normal».

- El proceso de la violencia se muestra invisible para la sociedad, que parece percibir, únicamente, las agresiones físicas puntuales.

- Los daños que sufre la víctima son físicos, psicológicos, sociales y patrimoniales.

- Se genera una dependencia emocional hacia el agresor que supone la anulación de la personalidad de la víctima.

- No genera daños exclusivamente en la mujer que la padece, sino también en la familia, en su entorno y en toda la sociedad.
- Se aprende por imitación y asimilación de modelos.
- La falta de rechazo social mantiene este comportamiento.

Diferenciación con otros términos

Si bien la legislación define claramente qué debemos entender por violencia de género, se suelen utilizar otros términos como violencia de pareja; violencia familiar o intrafamiliar; y violencia doméstica, de forma indistinta, a pesar de que cada término hace referencia a ámbitos, protagonistas y causas diferentes.

a) **Violencia de género:** el agresor siempre es un hombre, la víctima es siempre una mujer, y su causa es el establecimiento de relaciones de poder entre sexos, caracterizadas por la dominación del hombre y la sumisión de la mujer.

Es aquella violencia que realizan los hombres sobre las mujeres por el hecho de ser mujer, con el único objetivo de ejercer control y dominio sobre las mismas.

b) **Violencia de pareja:** la ejerce la pareja o expareja afectiva sobre la mujer. No entenderíamos violencia de género si es ejercida por una mujer sobre un hombre, ya que no se producen las condiciones anteriores, puesto que la mujer no posee una situación privilegiada frente al hombre.

c) **Violencia familiar:** la que se da en el ámbito de un núcleo familiar, pero solamente podríamos hablar de violencia de género cuando es ejercida por un miembro masculino sobre una mujer de esa familia, por lo que no sería de género si la ejerce, por ejemplo, una madre sobre su hijo o hija.

d) **Violencia doméstica:** se refiere a la violencia ejercida dentro de un grupo de convivencia doméstica. Consideraríamos violencia de género si quien la ejerce es un hombre sobre una mujer.

«Los diferentes estudios históricos demuestran que ha existido siempre, y ahora sabemos que ha sido como consecuencia del diferente papel que han asignado al género masculino y al femenino, colocando a este en una situación de subordinación al primero, con posibilidad de utilizar diferentes argumentos por parte del masculino para mantener esta posición, incluso la violencia» (Lorente, 2000).

Miguel Lorente: Agresión a la mujer desde la perspectiva médico forense.

Factores que perpetúan la violencia

A continuación se señalan los principales factores:

- **Culturales**
  - La socialización específica de género.
  - Las definiciones culturales de los roles sexuales apropiados para mujeres y hombres.
  - Las expectativas del cumplimiento de los roles dentro de las relaciones.
  - Creencia en la superioridad inherente de los hombres respecto a las mujeres.
  - Valores que dan a los hombres derechos de propiedad sobre las mujeres y las niñas.
  - La noción de la familia como una esfera privada y bajo el control masculino.
  - Determinadas costumbres matrimoniales, como, por ejemplo, la dote.
  - La aceptación de la violencia como medio para resolver los conflictos.

- **Económicos**
  - Dependencia económica de las mujeres respecto a los hombres.
  - Acceso limitado de las mujeres al dinero y a los créditos.
  - Leyes discriminatorias sobre herencias, uso de la tierra y su mantenimiento después del divorcio y la viudedad.
  - Acceso limitado al empleo.
  - Acceso limitado de las mujeres a la educación y formación.

- **Políticos**
  - Infrarrepresentación de las mujeres en el poder, en la política, en los medios de comunicación, en la medicina y en el derecho.
  - No tomar en serio la violencia machista.
  - La idea de que la familia es algo privado y fuera del control del Estado.
  - Falta de participación de las mujeres en el sistema político.

- **Legales**
  - Menor estatus legal de las mujeres en las leyes escritas y en la práctica.
  - Leyes sobre el divorcio, custodia de los hijos e hijas, pensiones y herencias.
  - Definiciones legales de la violación y del abuso en la familia.
  - Bajo nivel de formación legal entre las mujeres.

1.1.1. Tipos de violencia: violencia física, sexual, verbal, emocional, económica, etcétera

La **Ley 13/2007, de 26 de noviembre, de medidas de prevención y protección integral contra la violencia de género,** se centra en cuatro tipos generales de violencia, a pesar de existir otros muchos.

Estos **tipos** son:

- **Violencia física.** Incluiríamos cualquier acto de fuerza contra el cuerpo de la mujer, con resultado o riesgo de producir lesión física o daño, ejercida por quien sea o haya sido su cónyuge o esté o haya estado ligado a ella por análoga relación de afectividad, aún sin convivencia.

  También tendrán la consideración de violencia física, aquellos actos ejercidos por hombres en el entorno familiar o en el entorno social y/o laboral de la mujer.

- **Violencia psicológica.** Incluye toda conducta, verbal o no verbal, que produzca en la mujer desvalorización o sufrimiento, a través de amenazas, humillaciones o vejaciones, exigencia de obediencia o sumisión, coerción, insultos, aislamiento, culpabilización o limitaciones de su ámbito de libertad, ejercida por quien esté o haya estado ligado a ella por análoga relación de afectividad, aún sin convivencia. Asimismo, tendrán la misma consideración aquellos actos ejercidos por hombres en el entorno familiar o entorno social y/o laboral de la mujer.

- **Violencia económica.** Dentro de la que se incluye la privación intencionada, y no justificada legalmente, de recursos para el bienestar físico o psicológico de la mujer y de sus hijas e hijos o la discriminación en la disposición de los recursos compartidos en el ámbito de la pareja.

- **Violencia sexual y abusos sexuales.** En este tipo, estaría incluido cualquier acto de naturaleza sexual forzada por el agresor o no consentida por la mujer, abarcando la imposición, mediante la fuerza o con intimidación, de relaciones sexuales no consentidas, y el abuso sexual, con independencia de que el agresor guarde o no relación conyugal, de pareja, afectiva o de parentesco con la víctima.

  Especial atención merece la **violencia sexual en contextos de ocio,** sobre todo con adolescentes, ya que en el espacio de ocio se repiten y reproducen roles y estereotipos de género, en el que se producen diversas formas de violencia contra las mujeres.

ACTIVIDAD 1.2

Realiza un plan de intervención preventiva de violencia sexual en contexto de ocio con adolescentes de entre 16-20 años. Puedes encontrar información en el siguiente enlace:

https://fundacionmujeres.es/documento/material-didactico-violencia-sexual-en-contextos-de-ocio/

En el año 2015, la Ley Orgánica 1/2004, de 28 de diciembre, de Medidas de Protección Integral contra la Violencia de Género, recoge un nuevo tipo de violencia:

Violencia vicaria, es una forma de violencia machista, en la que las víctimas son los hijos e hijas de las mujeres víctimas de violencia de género, que son utilizados para hacer daño a la madre.

Para más información consultar el siguiente enlace:

https://violenciagenero.igualdad.gob.es/wp-content/uploads/violenciavicaria8.pdf

Los tipos de violencia de género aumentan, por lo que organizaciones como **ONU MUJERES** recogen también los siguientes tipos:

- **Violencia patrimonial,** la usurpación o destrucción de objetivos, bienes y propiedades de la mujer víctima con intención de dominarla o producirle daños psicológicos.

- **Feminicidio,** se refiere al asesinato intencionado de una mujer, por el hecho de serlo. En este apartado se incluyen los asesinatos por honor, que consisten en asesinar a un familiar, habitualmente a una mujer o una niña, alegando la vergüenza de la familia, y suelen estar relacionados con «la pureza sexual».

- **Mutilación genital femenina,** consistente en la realización de daños de manera intencionada en los órganos femeninos.

- **Violencia digital,** se considera un agravamiento de cualquier acto de violencia, por el uso de la tecnología, en los que se incluye:

  — Ciberacoso, envío de mensajes intimidatorios o amenazantes.

  — Sexteo o *sexting,* envío de fotos de contenido explícito sin contar con autorización.

  — *Doxing,* publicación de información privada o identificativa sobre la víctima.

Figura 1.2. La violencia digital supone un acto de violencia que se agrava a través del uso de la tecnología, y que afecta a mujeres cada vez más jóvenes.
Fuente: Freepik.

ACTIVIDAD 1.3

A través del siguiente enlace busca datos estadísticos sobre la prevalencia según tipos, y crea un gráfico en el que se pueda ver qué tipo de violencia es la más común.

http://www.inmujer.gob.es/.

Formas de ejercer la violencia de género

- **Tácticas de presión:** intimida, manipula a los hijos e hijas, amenaza con retener el dinero.

- **Falta de respeto:** interrumpe, no escucha, no responde, manipula la interpretación de las palabras, increpa a las amistades y familia. No respeta los derechos ni las opiniones.

- **Abuso de autoridad y confianza:** invade la intimidad, no respeta la correspondencia, escucha las conversaciones telefónicas. Interroga a los hijos e hijas sobre las actividades de la mujer, la castiga con el silencio.

- **Incumplimiento de promesas:** no respeta los acuerdos, no asume su responsabilidad, no colabora con el cuidado de los hijos e hijas ni se compromete en los quehaceres domésticos.

- **Tiranía emocional:** no expresa sentimientos, no ofrece apoyo, no respeta los sentimientos de la otra persona.

- **Control económico:** niega el derecho a trabajar. Impide el acceso al dinero.

- **Comportamiento destructivo de la personalidad:** abusa del alcohol o las drogas. Amenaza con el suicidio.

- **Aislamiento:** evita o dificulta que pueda verse con amistades o familiares, controla las llamadas telefónicas, dice dónde puede y dónde no puede ir.

- **Acoso:** llama constantemente por teléfono en un afán enfermizo de controlarte. Sigue a la mujer.

- **Intimidación:** gestos de enfado y amenazantes. Acercamiento físico intimidatorio, ostentación de fuerza física. Gritos, conducción temeraria de vehículos.

- **Destrucción:** destrucción de posesiones, rotura de objetos contra paredes.

- **Violencia sexual:** trato degradante del sexo de la mujer, coacción para mantener relaciones sexuales contra su voluntad.

- **Violencia física:** golpear, pinchar, tirar del pelo, abofetear, agarrar, morder, patear, fracturas óseas, magullar, torcer brazos, empujar, intentos de estrangulamiento, provocar abortos, tirar contra las paredes, tirar objetos, utilizar armas, quemar, asesinar.

- **Violencia digital:**

  — Acosa o controla a la pareja usando el móvil, controlando sus redes sociales y sus relaciones con otras personas en internet.

  — Espía el móvil de la pareja.

  — Exige que demuestre dónde está con su geolocalización.

  — Obliga a enviar imágenes íntimas, o a que le facilite sus claves personales.

  — Muestra enfado por no tener siempre una respuesta inmediata *online*.

1.1.2. Mitos comúnmente compartidos sobre la violencia de género

Los mitos sobre la violencia de género son ideas previas o prejuicios que suelen utilizarse como justificantes sociales para evitar reconocer la magnitud y gravedad de este tipo de violencia.

Estos mitos provocan:

- La perpetuación de una visión distorsionada de la naturaleza de la violencia de género.

- La obstaculización de intervenciones adecuadas.

- Que no se tenga en cuenta la realidad violenta en la que viven las mujeres que sufren esta violencia.

- Que se victimice doblemente a las mujeres, a las que se culpa de sufrir esta violencia.

> *Los mitos sobre la violencia de género son creencias estereotípicas general-mente falsas pero que son sostenidas amplia y persistentemente, y sirven para minimizar, negar o justificar la agresión a la pareja.*
>
> (Peters, 2008)

En 2012, Esperanza Bosch-Fiol y Victoria A. Ferrer-Pérez, a través de su artículo «Nuevo mapa de los mitos sobre la violencia de género en el siglo XXI», realizaron una aproximación a la vigencia de los mitos sobre violencia de género, y propusieron las siguientes categorías: (Ferrer-Pérez, Victoria A., y Bosch-Fiol, Esperanza, 2012).

Mitos sobre la marginalidad

Son aquellos que sitúan la violencia de género en el terreno de la excepcionalidad, fruto de circunstancias no habituales, por lo que no se puede considerar un problema universal.

- **La violencia de género solo ocurre en países subdesarrollados.**

- **La violencia de género solo ocurre en familias o a personas con problemas.**

  FALSO: ambos mitos quedan totalmente desmentidos ya que todos los estudios que se realizan demuestran tanto que la violencia de género es universal, ya que ocurre en todos los países sin distinción económica, política, o geográfica, como que afecta a personas en todos los niveles sociales, culturas y etnias, sin importar su edad, el nivel de ingresos o su formación.

Mitos sobre los maltratadores

Basados en los factores personales del hombre concreto que le llevan hasta la violencia y que consiguen exonerarlo de cualquier culpa.

- **Los hombres que maltratan a sus parejas o exparejas han sido personas maltratadas por sus padres o han visto maltrato en su familia.**

- **Los hombres que maltratan a sus parejas o exparejas son enfermos mentales.**

  FALSO: estos mitos pretenden exculpar de su responsabilidad al autor de dicha violencia, pero los datos existentes revelan que no puede establecerse una relación causal entre un pasado violento con ser maltratador; ni que la proporción de hombres con problemas psicopatológicos que maltratan sea significativa.

- **Los hombres que maltratan a sus parejas o exparejas consumen y/o abusan de alcohol y/o drogas.**

  FALSO: es el justificante más frecuente, pero todos los estudios y datos analizados determinan que estos consumos abusivos son factores coyunturales, que, por supuesto, no pueden considerarse eximentes de su responsabilidad.

- **La violencia de género se debe a los celos.**

  FALSO: los celos se utilizan más como una estrategia para controlar a su víctima.

Mitos sobre las mujeres maltratadas

Estos mitos victimizan doblemente a las mujeres, ya que las responsabilizan de lo que les sucede, bien porque ellas mismas atraen la violencia o bien porque la consienten o solicitan.

- **Las mujeres con unas ciertas características tienen más probabilidades de ser maltratadas.**

  FALSO: no existe ningún perfil de mujer maltratada, es decir, cualquier mujer puede convertirse en víctima por lo que el único factor de vulnerabilidad es simplemente ser mujer.

- **Si la mujer maltratada no abandona la relación, por algo será, la culpa es suya por continuar.**

  FALSO: para entender este mito, actualmente existen numerosas teorías que intentan dar respuesta, se debe conocer el ciclo de la violencia, ya que las secuelas físicas, psicológicas, sociales, el miedo y la dependencia económica son algunas de las cuestiones que lo explicarían.

Figura 1.3. Los mitos sobre la violencia de género ayudan a perpetuarla y a revictimizar a la mujer que sufre dicha violencia.

- **Algo habrá hecho para provocar al maltratador.**

  FALSO: la mujer es una persona, un ser humano que tiene derechos y libertades fundamentales, y a que los mismos sean protegidos, ya que la opción de la violencia es personal y ninguna mujer merece ser maltratada.

Mitos que minimizan la importancia de la violencia de género

- **La violencia de género es un fenómeno puntual, muy localizado.**

  FALSO: no podemos considerar como algo puntual si tenemos en cuenta los porcentajes de mujeres que padecen algún tipo de violencia de género que reflejan la mayoría de estudios realizados, a pesar de que solo conocemos la punta del iceberg, ya que, aproximadamente, solo el 11 % denuncia sufrir violencia de género.

- **La violencia psicológica no es tan grave como la física.**

  FALSO: el abuso psicológico y emocional puede ser más dañino que el físico y pueden provocar un desequilibrio integral en la mujer.

- **Los hombres y las mujeres son violentos por igual.**

  FALSO: los datos ponen de manifiestos que cuando los hombres padecen violencia es por otros hombres desconocidos, en cambio las mujeres sufren dicha violencia, mayoritariamente, por hombres que conocen y con los que tienen o han tenido algún tipo de relación.

Existen otros mitos que proceden del uso sexista del lenguaje, como son los refranes:

- **«Quien bien te quiere te hará llorar».**

    FALSO: se debe desterrar este tipo de afirmaciones que perpetúan la violencia, ya que quien realmente te quiere, debe hacerte feliz, no hacerte llorar.

- **«Controlar y celar es sinónimo de amar».**

    FALSO: los celos no son una forma de amor, sino una manera de control que justifica una violencia no justificable.

En la actualidad, se están produciendo lo que se ha denominado los «mitos negacionistas», que no solo niegan la existencia de la violencia de género, sino que consideran que en realidad estamos ante una exageración que crean y utilizan determinadas mujeres para perjudicar a los hombres, especialmente en procesos de separación y/o divorcio (Ferrer-Pérez, Victoria A., y Bosch-Fiol, Esperanza, 2012).

Mitos negacionistas

Lo que pretenden es negar datos, aportando otros que, supuestamente, anulan los datos reales de la violencia de género; así:

- **Muchas o la mayoría de denuncias son falsas.**

    FALSO: los datos de tribunales en España lo desmienten, ya que partiendo de que en todos los ámbitos se producen denuncias falsas, en el caso concreto de violencia de género es inferior a la media.

- **Los hombres son tan víctimas como las mujeres.**

    FALSO: los datos reales de muertes por violencia de género reflejan que son mujeres las que padecen este tipo de violencia.

Los diferentes mitos sobre violencia de género se potencian los unos a los otros, con el único objetivo de negar la existencia de este tipo de violencia, considerándola como hechos aislados que pertenecen al ámbito privado de las parejas, pero añadiendo, como novedad, el papel de víctima de los hombres, tanto por la legislación, por el sistema o por las propias mujeres.

El resurgimiento de estos mitos y la aparición de otros nuevos dificultan el proceso de visibilización y aceptación de la violencia de género como un verdadero problema social.

1.1.3. Características psicosociales de la mujer en situación de violencia de género

No existe un perfil de mujer maltratada, ya hemos comentado que cualquier mujer puede ser víctima de violencia de género, por lo que cuando hablamos de las características psicosociales de las mujeres maltratadas, nos referimos no a unas características previas, sino a las secuelas de la situación por la que han pasado.

La Dirección General de Violencia de Género de la Junta de Andalucía publicó el libro *Intervención profesional con mujeres víctimas de violencia de género en el ámbito de la educación* (2009), en él se exponen las consecuencias psicológicas que puede presentar la mujer víctima de violencia de género atendiendo a tres elementos:

Consecuencias comportamentales y sociales	Aislamiento y evitación de sus redes sociales (amistades y familia de origen).
	Miedo y/o ansiedad a iniciar y/o mantener relaciones más íntimas con otras personas.
	Desconfianza persistente e hipervigilancia.
	Desmotivación, desinterés y evitación de actividades y de lugares que anteriormente realizaban y/o frecuentaban.
	Disminución de habilidades sociales tanto de comunicación como en inicio y mantenimiento de relaciones interpersonales.
	Déficit en asertividad y en solución de problemas cotidianos, con tendencia a sentimientos de inseguridad, conductas pasivas y/o condescendientes, o reacciones de ira desadaptativas.
	Tendencia a padecer conductas adictivas: consumo de psicofármacos, alcohol y otras drogas.
	Incremento en la probabilidad de padecer conductas compulsivas: alimenticias, limpieza, compras y juego.
	Victimización de otras personas: la mujer víctima de violencia desvía la rabia que de forma natural se tendría que dirigir al agresor, hacia sí misma o hacia otras personas que considera inferiores o con poco poder como a mujeres y a niñas o niños.
	Conductas de riesgo físico excesivo. Intentos o planificación de suicidio.

Consecuencias cognitivas	Autoevaluaciones negativas.
	Negación del maltrato y minimización de las conductas violentas que sufre.
	Cambios en los esquemas cognitivos: creencias sobre sí misma, las otras personas y sobre el mundo.
	Ideas de muerte y/o de suicidio.
	Ideas de desconfianza y suspicacia.
	Errores perceptivos sobre ellas mismas, las otras personas y el mundo.
	Disminución de la atención, concentración y de memoria.
	Amnesia de acontecimientos traumáticos y/o dificultad para recordar.
	Esfuerzos para evitar pensamientos sobre sus vivencias.
	Recuerdos intrusivos de las agresiones: estímulos irrelevantes les provoca revivir experiencias traumáticas como consecuencia de padecer el trastorno de estrés postraumático.
	Episodios disociativos transitorios. Despersonalización. Sensación de daño psíquico permanente. Sensación de ser completamente diferente a las otras personas.
	Alteraciones en el sistema de significados: la vida pierde sentido para ellas; ideas de catastrofismo y negatividad sobre su futuro; desmotivación y apatía para cambiar o mejorar; bloqueo en toma de decisiones o iniciativas para prosperar o defenderse. Pérdida de la fe que les sustentaba: «si existiera un dios no hubiera permitido que sucediera lo que sucedió».

Consecuencias emocionales y afectivas	Disforia persistente (estado de ansiedad, insatisfacción o inquietud), ansiedad, fobias (habitualmente agorafobia), crisis de pánico.
	Dependencia y labilidad afectiva y vulnerabilidad.
	Baja autoestima y autoconcepto: sentimientos de fracaso, visión negativista y catastrófica sobre sí misma, infravaloración, sentimientos de incapacidad para sentirse competente y de inutilidad, pobre concepto físico y personal de sí misma.
	Bloqueo emocional: falta de expresividad emocional y afectiva, y anhedonia (incapacidad de sentirse queridas).
	Rabia/Ira: con ataques de ira o extremadamente inhibida (pueden alternar).
	Sentimiento de vergüenza por los abusos experimentados y sobre sí misma.
	Autoculpabilización: por causar los malos tratos, por no ser capaz de pararlos y por tolerarlos.
	Impulsos suicidas crónicos.
	Depresión: sentimiento de tristeza permanente.
	Alteraciones del sueño.
	Impotencia aprendida.

1.1.4. Reconocimiento del perfil del maltratador y sus estrategias defensivas

De la misma manera que no podemos afirmar que exista un tipo específico de mujer maltratada, tampoco debemos decir que existe un perfil concreto de agresor, aunque se aprecian algunas características comunes.

Lo que sí podemos afirmar, después de estudiar diferentes casos de violencia de género, es que existen tipos de maltratadores que no responden, aunque la mayoría de la población tenga esta creencia, únicamente a cuestiones que tienen que ver con la situación social, el nivel adquisitivo o la edad.

Pensar que un maltratador es una persona de baja formación, con un poder adquisitivo medio-bajo, con tendencias violentas, no se corresponde con la realidad, ya que no existe un perfil social de maltratador, así podemos encontrar hombres que ejercen violencia contra las mujeres, tanto de alto poder económico como bajo, desde ejecutivos a peones de obra, con escasa formación profesional y también académicos o políticos, hombres aparentemente tranquilos o de carácter violento, de edad avanzada o jóvenes, ya que no es la situación económica, familiar o profesional la que convierte a un hombre en un agresor, sino, tal y como apunta la mayoría de estudios científicos, son las ideas que ha recibido y aprendido, y que le hacen pensar que la violencia es una forma efectiva de conseguir control sobre su pareja, dominar e infundir temor.

Aunque hemos dejado claro que no existe un perfil de maltratador, sí que podemos encontrar algunas características de comportamiento que suelen ser comunes en su conducta:

- Se muestran **violentos y agresivos en el ambiente familiar** (fundamentalmente con sus parejas), mientras que presentan una gran capacidad de seducción y persuasión en los demás ambientes públicos.

- Un factor de riesgo es que hayan sido testigos de violencia en su familia de origen, **muchos de ellos son hijos de agresores** que tienden a reproducir ese patrón de conducta con sus parejas.

- **Reitera estas conductas con otras mujeres** con las que mantiene relaciones de pareja. Muchos de ellos muestran un alto grado de dependencia hacia la mujer y un escaso desarrollo de su autoestima.

- **No asumen su violencia,** ni la consideran un problema, tienden a justificarla y minimizarla.

- Suelen ser **inseguros, dominantes y agresivos,** culpan a los demás de sus errores.

- Mantienen claras actitudes sexistas y se creen todos los estereotipos sobre la mujer.

- Son personas de valores tradicionales respecto al género y al papel tradicional que hombres y mujeres deben cumplir.

- Como mencionábamos anteriormente, no pertenece a ninguna clase social, económica o cultural, ni religión ni grupo étnico determinado.

- Se muestran celosos, celos basados en el miedo a perder el objeto de su dominación: la mujer.

- Atribuyen el problema a la conducta de la víctima, a la familia, el trabajo, la situación socioeconómica.

Las estrategias defensivas utilizadas por el agresor, siguiendo la «Guía para la mujer maltratada», son aquellas que consiguen trasladar la responsabilidad de la agresión a la víctima, provocando una doble victimización al afirmar que le provocó, que está mintiendo o que está loca.

Las **principales estrategias defensivas** utilizadas por el maltratador son (Álvarez Álvarez, 2002):

- **Fundamenta:** de forma racional sus ataques de manera que parezca que está bien lo que hizo.

- **Minimiza:** quita importancia a la agresión, así consigue distanciarse del daño causado.

- **Desvía el problema:** atribuye la causa de su comportamiento a la falta de trabajo, el exceso en los gastos, a sus problemas con el alcohol, trasladando así la responsabilidad a cuestiones ajenas a él mismo.

- **Olvida:** afirma no recordar, no ser consciente de lo que se le atribuye, incluso niega abiertamente los ataques, quitando credibilidad al relato de la víctima.

- **Racionaliza:** explicando coherentemente conductas y hechos. La explicación real y la motivación de las mismas no serían admitidas por la instancia moral de la personalidad si el entorno social no admitiese esos comportamientos como legítimos.

- **Proyecta:** la responsabilidad de las conductas violentas hacia la víctima.

1.2. MANEJO DE INDICADORES DE LA VIOLENCIA DE GÉNERO: FÍSICOS, SANITARIOS, LABORALES

En general, los indicadores son un señalador que mide cambios en una situación concreta a través del tiempo, nos permiten identificar la presencia de un fenómeno, describir sus características, medir su magnitud e identificar los posibles cambios que dicho fenómeno experimenta a lo largo del tiempo después de la intervención de distintos factores.

Los indicadores de género son aquellas medidas específicas que permiten evidenciar, caracterizar y/o cuantificar las desigualdades existentes entre hombres y mujeres, así como verificar sus transformaciones, en un contexto socio-histórico determinado. Proporcionan datos observables de la desigualdad y evidencian el cambio o la persistencia de dichas desigualdades de género.

La utilización de indicadores permite realizar una descripción lo más detallada posible del tipo y amplitud del maltrato, su frecuencia y su severidad.

Los indicadores son datos obtenidos de la historia social y médica, y denotan la probabilidad de que exista violencia de género teniendo que ser corroborada posteriormente con otro tipo de valoraciones.

Indicadores físicos

- Magulladuras, laceraciones, quemaduras, marcas de mordedura humana, fracturas (especialmente nariz, dientes, mandíbula...).
- Daños durante el embarazo, maltrato físico/psíquico a los hijos.

Indicadores sanitarios

- Inquietud (arritmias, hiperventilación, ataques de pánico).
- Alcoholismo y otras drogodependencias.
- Agotamiento físico y psíquico, síntomas psicosomáticos diversos (dolor de cabeza, de espalda; trastornos alimentarios y del sueño).
- Problemas ginecológicos, habitualmente infecciones recurrentes.
- Historial psicológico (depresión, ansiedad, pánico, planteamiento del suicidio como vía de escape, etcétera).
- Consumo de psicofármacos.
- Historial clínico de accidentes domésticos.
- Información poco veraz, que no se corresponde con las lesiones.
- Problemas de estrés.

Indicadores laborales

- Baja productividad.
- Retrasos habituales.
- Absentismo crónico.
- Pérdida sistemática de empleo.

Además de estos indicadores que nos ayudan a comprobar si existe violencia de género como profesionales, debemos hacer referencia a aquellos otros que nos ayudan a determinar si la relación propia es una relación sana o tóxica y dañina.

Las respuestas a estas preguntas pueden ayudarnos para comprobar qué tipo de relación estamos viviendo:

- ¿Te aburres con tu pareja porque te deja de lado?
- ¿En ocasiones te hace sentir mal por lo que te dice y te hace?

- ¿Te interrumpe o te ignora cuando hablas?
- ¿Pasa de tus cosas? ¿Desconfía de ti?
- ¿Te impide o le molesta que estés con otras personas?
- ¿A veces tienes miedo de sus reacciones violentas?
- ¿Hace cosas que te molestan para lograr lo que quiere?
- ¿Te ves obligada a hacer cosas que no te gustan por complacerlo a él?
- ¿Te sientes culpable porque te responsabiliza de cosas que hace mal y que te pueden dañar a ti?
- ¿Estás siempre enfadada porque él pasa de la relación y no cumple lo que ha dicho?
- ¿Te sientes nerviosa porque tienes miedo de no hacer las cosas como a él le gustan?
- ¿Te sientes humillada por él?
- ¿Te sientes controlada por él, teniendo que darle explicaciones por todo lo que haces?
- ¿Te cuesta decir lo que piensas por miedo a que él te diga que te calles o que piense que dices tonterías?
- ¿Te amenaza con que te dejará si haces cosas que a él no le gustan?
- ¿Te sientes obligada a hacer lo que él diga?

La guía para la prevención de la violencia de género, elaborada por el Ayuntamiento de Boadilla del Monte, pone el objetivo en establecer los indicadores en las parejas de adolescentes, de manera que deja claro cuáles son aquellos comportamientos que nos deben hacer estar alerta. Establece los siguientes indicadores de una relación violenta:

Si tu pareja…

- Critica tu forma de vestir o pensar.
- Se enfada si no le avisas de que sales, de que salgas sin él/ella y de no saber a dónde vas.
- Te compara con otras chicas/chicos.
- Pretende anular tus decisiones.
- Se molesta si te llama/sales con un amigo.
- Se enfada por cosas sin importancia.

- Te asusta cuando se enfada.
- Te controla las llamadas/mensajes del móvil o del correo electrónico.
- Se ríe de ti delante de tus amistades.
- Te acusa de coquetear cuando te ve con otros chicos.
- Te acusa de ligar cuando te ve con otras chicas.
- Te amenaza cuando no haces lo que quiere o si le vas a dejar.
- Te asusta decirle que no estás de acuerdo con él.
- Sientes que hagas lo que hagas nunca es bastante para él.

1.3. DETECCIÓN DEL CICLO DE LA VIOLENCIA Y SUS ETAPAS

La violencia se establece de forma progresiva y se va agravando conforme pasa el tiempo, en lo que se ha venido a llamar la «Escalada de la Violencia», que consta de cuatro peldaños:

a) Agresiones psicológicas.

b) Agresiones verbales.

c) Agresiones físicas.

d) Muerte violenta.

La violencia de género se manifiesta a través de un ciclo que no solo perpetúa y mantiene la conducta violenta del agresor, sino que, además, hace que la mujer víctima se culpabilice de lo ocurrido, por lo que presenta dificultades para salir de esa situación del maltrato que está sufriendo.

La antropóloga **Leonore Walker** investigó, en 1979, las razones que impedían a las mujeres víctimas de violencia plantearse alternativas que las permitan salir de la relación violenta en la que se encuentran y las dificultades que tienen para romper con su agresor.

Podemos decir que la violencia de género se caracteriza por dos factores fundamentales, **su carácter cíclico y la intensidad creciente.**

A medida que se repite el ciclo:

- Estos son cada vez más cortos.
- Las agresiones son más frecuentes, intensas y peligrosas.
- Llega un momento en que desaparece la fase de arrepentimiento o «luna de miel».
- La víctima pasa a sufrir el **«síndrome de indefensión aprendida».**

La permanencia de la mujer en una relación violencia suele explicarse porque pierde su capacidad de autodefensa, ya que se vuelve cada vez más vulnerable.

El comienzo de una relación violenta es invisible a los ojos de la mujer, se inicia de manera sutil y silenciosa. En estos comienzos se aprecia un exceso de control por parte del hombre hacia su pareja, que ella suele confundir con celos, con una preocupación excesiva por su parte o, incluso, como signos de un gran amor hacia ella.

Ejemplos claros de esta **actitud controladora** son el control de su forma de vestir, su trabajo, control de sus gastos, control de salidas y de las amistades, intentos de separación de su familia, así como humillación o menosprecio de las cualidades o características de la mujer, intentando dejarla en muchas ocasiones en ridículo, incluso, delante de los demás, pero, en la mayoría de los casos, estas actitudes se desarrollan en la intimidad del hogar.

En la actualidad, esa actitud controladora se está produciendo en un nuevo escenario, ya que las redes sociales e internet han cambiado las formas de relación y comunicaciones de la juventud a un ritmo vertiginoso.

Ianire Estébanez, en su ponencia «Del amor al control a golpe de click», considera que las generaciones jóvenes se socializan y viven muchas de sus relaciones en el espacio virtual.

Un 95 % de jóvenes utiliza internet a diario y un 83 % las redes sociales, pero además se debe añadir que el acceso a estas redes es permanente, ya sea a través del ordenador, la tableta o del teléfono móvil. El uso generalizado de conexión de datos móviles por parte de la juventud, que nos permite comunicarnos a través de mensajes, o llamadas gratis o del WhatsApp —chat permanente que además ofrece información sobre cuándo estamos *en línea,* cuándo leemos los mensajes y los contestamos—, nos permite vivir las 24 horas conectados.

Es decir, la juventud se comunica y vive sus relaciones en la red social, pero si esta nueva forma de establecer relaciones a través de una red no está lo suficientemente protegida, puede suponer un riesgo real, ya que se convierte en un control excesivo por parte de nuestra pareja.

El **cibercontrol o control virtual** tiene las mismas manifestaciones de la violencia psicológica aunque se esté realizando a través de las redes sociales, decidir qué amistades puede tener o no en las redes, con quién puede hablar, vigilar continuamente qué comentarios hace en las redes y a quién, controlar el tiempo que se está conectado, o el horario en el que leemos un mensaje y el tiempo exacto en el que se contesta.

Con este control se consigue que la víctima vaya **perdiendo poco a poco su autoestima, su autonomía e incluso su capacidad de reacción o defensa** ante esta situación.

El **comportamiento agresivo del varón va aumentando** tanto en frecuencia como en intensidad, hasta que la mujer decide consultar o pedir ayuda, esta se convierte en la fase visible, que sería cuando el entorno de la pareja pasa a ser consciente de la situación por la que está pasando. En muchas ocasiones, las mujeres víctimas se encuentran con que su relato no es creído, ya que, frecuentemente, los maltratadores se comportan fuera del hogar de forma admirable, siendo, a los ojos de la sociedad, «el marido perfecto».

Nos encontramos con que el ciclo de la violencia es una secuencia repetitiva, que explica en muchas ocasiones los casos del maltrato crónico.

En esta investigación, Leonore Walker concluyó que la violencia se producía en tres fases, que se repetían de forma cíclica:

1. **Fase de acumulación de tensión.** Aumenta la tensión en la pareja de manera gradual, el hombre se muestra cada vez más enfadado con la mujer sin motivo aparente, incrementándose la violencia de tipo verbal e incluso apareciendo los primeros indicios de violencia física. Las reacciones agresivas son impredecibles. Estos ataques los suele tomar la mujer como episodios aislados que puede controlar, piensa que acabarán desapareciendo, pero, en realidad, la tensión aumenta y se acumula. La mujer lo justifica, acomodándose de alguna manera a la situación, precisamente por el control que cree poseer de la situación, pero que en realidad no tiene.

2. **Fase de explosión o agresión.** La situación estalla en forma de agresiones físicas, psicológicas y/o sexuales. En esta fase la mujer suele denunciar o pedir ayuda.

3. **Fase de calma, reconciliación o luna de miel.** El agresor pide perdón a la mujer, le dice que está muy arrepentido y que no volverá a pasar. Utiliza estrategias de manipulación afectiva (regalos, caricias, disculpas, promesas, mostrándose cariñoso), para intentar que la relación no se rompa, de manera que, a menudo, la mujer piensa que el agresor realmente quiere cambiar y lo perdona, sin saber que esto refuerza la posición de él. Esta fase de reconciliación tiende a desaparecer, en la medida en que los comportamientos violentos se afianzan y ganan terreno, siendo más frecuentes las agresiones violentas.

En todo este proceso cíclico la mujer sufre lo que Martin Seligman (1975) denominó **indefensión aprendida,** que permite explicar y comprender los procesos por los que un individuo es incapaz de reaccionar ante situaciones dolosas para sí mismo.

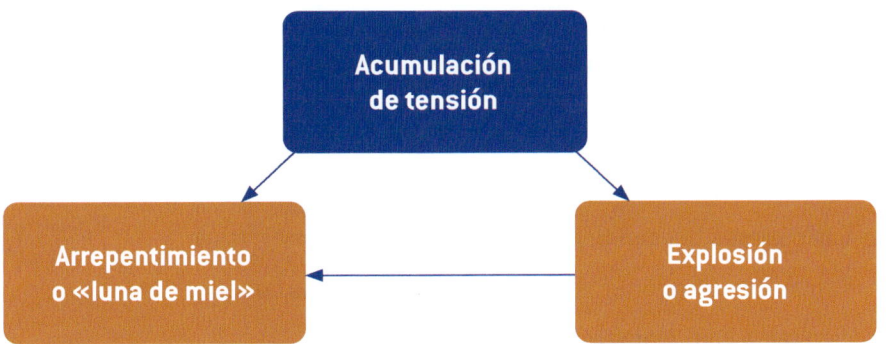

Figura 1.4. Las fases de la violencia de género que se repiten cíclicamente,
según Leonore Walker son: la fase de acumulación de tensión, la fase de explosión
o agresión y la fase de calma, reconciliación o luna de miel.

Su teoría está basada en la idea de que cuando las acciones que un sujeto realiza para modificar las cosas, no producen el fin previsto, provocan una inhibición del individuo que lo convierten en sujeto pasivo.

Generalmente las mujeres afectadas por la violencia son incapaces de ayudarse a sí mismas, como consecuencia del desgaste psicológico que provoca la continua exposición a acontecimientos violentos entremezclados con episodios de ternura y arrepentimiento, sin que exista una relación entre su comportamiento y las consecuencias del mismo, lo que les lleva a tener la sensación subjetiva de no poder hacer nada y que no existen oportunidades reales de cambiar la situación evitando las circunstancias desagradables.

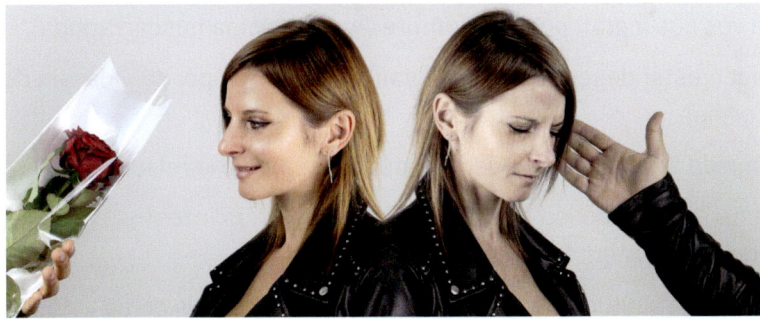

Figura 1.5. En la fase de reconciliación, el agresor pide perdón, muestra arrepentimiento, utiliza estrategias de manipulación afectiva, como regalos o promesas. A menudo, la mujer piensa que el agresor quiere cambiar y lo perdona, pero esto refuerza la posición del agresor.

La expresión **«indefensión aprendida»** procede de la inglesa *helpless,* cuyo significado exacto sería «carecer de ayuda o recursos, no tener asistencia de los demás o ser incapaz de ayudarse a sí mismo».

Podemos identificar **cuatro etapas** que nos permiten entender el proceso por el que pasan las mujeres maltratadas al entrar y eventualmente salir de las relaciones abusivas.

Etapa de entrega

- Las mujeres buscan una relación positiva y significativa.
- Ven en sus compañeros las cualidades que ellas desean.
- Tienden a justificar sus actos.
- Creen que él terminará el abuso si logra satisfacerlo.

Etapa de aguante

- Las mujeres se resignan a la violencia.
- Minimizan el abuso resaltando los aspectos positivos de la relación.
- Modifican su comportamiento para alcanzar algún nivel de control sobre la situación.
- Se sienten culpables por el abuso.
- Tratan de esconder su realidad con las demás personas.
- Se sienten atrapadas en la relación y sin posibilidades de salir.

Etapa de desenganche

- Comienzan a identificarse como mujeres maltratadas.
- Una vez que logran ponerle nombre a su problema buscan ayuda.
- Pueden estar desesperadas por salir, pero temen por su vida y la de sus hijos e hijas.
- Su miedo a la cólera les puede impulsar a salir de la relación.
- El salir es un proceso que puede requerir varios intentos antes de conseguirlo exitosamente.
- Reconocen actitudes y comportamientos de su pareja como actos de violencia y los rechazan.

Etapa de recuperación

- El trauma no termina con salir de la relación.
- Normalmente pasan por un proceso de pérdida o duelo de la relación y una búsqueda de sentido de vida.

- Tratan de entender lo que su compañero le hizo y se culpan por haberse quedado con él.

En la «Guía para Mujeres Maltratadas» (Álvarez Álvarez, 2002), se proponen cinco **etapas de la violencia de género,** caracterizada por unas conductas concretas:

1. **Etapa de inicio,** en la que se producen amenazas, silencios, burlas, rotura de objetos, porque la violencia no comienza con una agresión física.

2. **Etapa moderada,** en la que comienzan las agresiones físicas aunque en bastantes ocasiones las víctimas no consideran que los empujones o agarrones sean violencia, ya que estas conductas están totalmente normalizadas.

3. **Etapa grave,** en la que las conductas del agresor son, entre otras, abofetear, arrancar el pelo, aislar, controlar, dar patadas, escupir, fracturar. La habituación de la mujer a estas conductas la impiden alejarse del agresor incluso en esta etapa caracterizada por agresiones más enérgicas.

4. **Etapa muy grave,** en la que las conductas son, entre otras, el uso de armas, violaciones, ahogamientos, agresiones con objetos contundentes, quemaduras…

5. La última etapa, es la denominada **fatal,** y es aquella en la que se produce la muerte.

1.4. APLICACIÓN DE LA LEGISLACIÓN ESPECÍFICA EXISTENTE Y CONOCIMIENTO DE LOS DERECHOS QUE ASISTEN A LAS MUJERES QUE HAN SUFRIDO VIOLENCIA DE GÉNERO

La violencia contra las mujeres es una grave violación de los derechos humanos, tras años de reivindicaciones de la sociedad civil y de los movimientos asociativos, mayoritariamente de mujeres, la lucha efectiva contra la violencia de género se ha situado en el centro de la atención de la mayoría de los países de nuestro entorno.

Para una respuesta efectiva y coordinada frente a la violencia contra la mujer resulta fundamental una legislación completa, pero también es importante conocer no solamente la legislación autonómica o nacional, sino aquellas normas supranacionales que obligan y cuyo objetivo es el de generalizar determinados derechos que defender, con el fin de facilitar la protección a las víctimas de maltrato en cualquier país.

En este epígrafe, detallaremos someramente la legislación más importante en los ámbitos europeo, nacional y autonómico.

1.4.1. Legislación en el marco europeo

El hecho de que España sea miembro de la Unión Europea nos otorga automáticamente la cobertura de un marco jurídico de protección de derechos humanos en general y de protección a los derechos humanos de las mujeres en particular.

La Unión Europea consagra en sus tratados la igualdad entre mujeres y hombres como un **valor fundamental,** siendo uno de sus objetivos y cometidos, así en el artículo 23 de la *Carta de los Derechos Fundamentales de la Unión Europea:*

> *Artículo 23*
>
> *Igualdad entre hombres y mujeres. La igualdad entre hombres y mujeres será garantizada en todos los ámbitos, inclusive en materia de empleo, trabajo y retribución.*
>
> *El principio de igualdad no impide el mantenimiento o la adopción de medidas que ofrezcan ventajas concretas en favor del sexo menos representado.*

En 1986, el **Parlamento Europeo** inició un proceso de elaboración de resoluciones sobre las agresiones a las mujeres, la pornografía, las violaciones de las libertades y derechos fundamentales de las mujeres y la trata de personas que culminó con la **Resolución del Parlamento Europeo sobre la violación de los derechos de las mujeres, de 14 de abril de 1997:**

«… Los derechos de las mujeres constituyen una parte inalienable, íntegra e indisociable de los derechos universales de la persona, de modo que los derechos de las mujeres son parte integrante de los derechos humanos».

La Resolución aprobada en 1997 por el Parlamento Europeo, sobre **«Una campaña europea sobre tolerancia cero ante la violencia contra la mujer»,** sirvió para invitar a los Estados a elaborar legislación específica para proteger a las víctimas de violencia basada en el sexo, promueve la elaboración de datos estadísticos conjuntos, subraya la importancia de un trabajo coordinado dentro de la Unión, recomienda las iniciativas con un enfoque integrado en el que colaboren los Gobiernos locales y las organizaciones no gubernamentales y confirma que la violencia refleja el desequilibrio en las relaciones de poder y supone un obstáculo para superar las desigualdades en la sociedad.

El Plan de trabajo para la igualdad entre mujeres y hombres en la Unión Europea, desde 2006, incluye un apartado dedicado a la erradicación de todas las formas de violencia de género; la mutilación genital femenina; los matrimonios forzados, que son violaciones del derecho fundamental a la vida; la seguridad; la libertad; la dignidad y la integridad física y emocional.

La **Resolución del Parlamento Europeo, de 26 de noviembre de 2009,** sobre la **eliminación de la violencia contra la mujer,** insta a los Estados miembros a que mejoren sus legislaciones y políticas nacionales destinadas a combatir todas las formas de violencia contra la mujer y emprendan acciones para combatir las causas de la violencia contra la mujer, en particular, mediante acciones de prevención, y se pide a la Unión que garantice el derecho de asistencia y ayuda a todas las víctimas de la violencia.

El informe de iniciativa del Parlamento Europeo sobre el **nuevo marco político para combatir la violencia contra la mujer** (marzo de 2011) puso de manifiesto que no existía una definición internacional reconocida de la expresión «violencia contra la mujer» y llevó al compromiso de la Comisión Europea en su plan de acción para la puesta en marcha del **Programa de Estocolmo.**

En la **Estrategia de la Comisión Europea para la igualdad entre mujeres y hombres 2010-2015** se incluyen entre sus cinco pilares el de «dignidad, integridad y fin de la violencia sexista».

El **Pacto por la Igualdad de Género 2011-2020** adoptado por el Consejo Europeo, de 7 de marzo de 2011, contiene previsiones específicas para la prevención de las distintas formas de violencia sobre la mujer, indicando entre otras la adopción, aplicación y supervisión de estrategias a escala nacional, la implicación de los hombres en la lucha y el refuerzo de la prevención.

En el año 2011, se firma y es ratificado por España, el **Convenio Europeo sobre la prevención y lucha contra la violencia hacia las mujeres y la violencia doméstica.** Convenio que es legalmente vinculante para todos los países que lo han ratificado, entre ellos España, y que se consolida como el primer instrumento legalmente vinculante en el mundo que crea un marco legal integral para prevenir la violencia, proteger a las víctimas y garantizar que los abusos no queden impunes.

En dicho Convenio se **fija** expresamente:

- La **condena de toda forma de violencia** contra mujeres y violencia doméstica.

- Reconociendo que **la igualdad entre hombres y mujeres es elemento clave** para la **prevención.** Que todo esto proviene del desequilibrio histórico entre los sexos y que la naturaleza estructural de la violencia está basada en el género.

- **Reconociendo** como **formas graves de violencia:** domestica, acoso sexual, violación, matrimonios forzosos, crímenes de honor, mutilaciones genitales, las violaciones en los conflictos armados. Reconocimiento de los niños como víctimas de la violencia doméstica, incluso como testigos; y que los hombres pueden ser también objeto de violencia doméstica.

- Se aspira a crear una **Europa libre de violencia contra las mujeres** y violencia doméstica.

Asimismo, se definen los **siguientes términos:**

- **Violencia** contra **las mujeres:** todo acto de violencia basado en el género, que implique daño o sufrimiento (físico, económico...), incluyendo las amenazas, coacciones, privación arbitraria de libertad, en la vida pública o privada.

- **Violencia doméstica:** acto de violencia que se produce en la familia o en el hogar, entre cónyuges o parejas antiguos o actuales, independientemente de haber compartido el domicilio.

- **Género:** los papeles, comportamientos, actividades y atribuciones generacionalmente construidos que una sociedad concreta consideran propios de mujeres o de hombres.

- **Violencia contra las mujeres por razones de género:** toda violencia contra la mujer porque es mujer o afecte a las mujeres de forma desproporcionada.

- **Víctima:** toda persona física sometida a los actos de violencia.

- **Mujer:** incluye a las niñas menores de 18 años.

El 1 de octubre de 2023 entró en vigor, en la Unión Europea, el Convenio del Consejo de Europa sobre prevención y lucha contra la violencia contra las mujeres, más conocido como Convenio de Estambul, lo que implica que los Estados miembros deberán introducir estos cambios dentro de sus sistemas jurídicos.

Adquiere gran importancia ya que es considerado como el primer instrumento de carácter vinculante en el ámbito europeo, ya que está considerado como el tratado internacional más competo y de mayor alcance contra la violencia.

Reconoce la violencia de género como una violación de los derechos humanos, y contempla como delito todas las formas de violencia contra la mujer, estableciendo las siguientes:

- La violencia física, psicológica y sexual, incluida la violación.

- La mutilación genital femenina.

- El matrimonio forzado.

- El acoso.

- El aborto forzado.

- La esterilización forzada.

Figura 1.6. La lucha efectiva contra la violencia de género se ha situado en el centro de las políticas públicas, gracias a años de reivindicaciones de la sociedad civil, y de los movimientos asociativos especialmente de mujeres
Fuente: Freepik.

En abril de 2024, el Parlamento Europeo aprobó la primera normativa europea para luchar contra la violencia contra las mujeres y la violencia doméstica, recogiendo como novedad la exigencia a los Estados miembros, de leyes más estrictas contra la ciberviolencia, mejor asistencia a las víctimas y medidas para prevenir las violaciones.

De esta aprobación se deriva la Directiva (UE) 2024/1385 del Parlamento Europeo y del Consejo, de 14 de mayo de 2024, sobre la lucha contra la violencia contra las mujeres y la violencia doméstica, cuyo objetivo es proporcionar un marco integral para prevenir y combatir la violencia contra las mujeres en toda la Unión.

Se establece como prioridad el bienestar y la seguridad de las víctimas, instando a las autoridades de los países miembros a facilitar el acceso a la asistencia sanitaria, y a alojamientos protegidos. Asimismo, se insta a la realización de campañas de sensibilización a la población en general, en la que se ponga el foco en el hecho de que mantener relaciones sexuales sin consentimiento es considerado un delito.

Las nuevas normas prohíben la mutilación genital femenina y el matrimonio forzado, y establecen orientaciones específicas para los delitos cometidos en línea, como la divulgación de información privada y el exhibicionismo cibernético.

La aprobación de la **Directiva 2011/99, del Parlamento Europeo y del Consejo de 13 de diciembre, sobre la Orden Europea de Protección, es la culminación de todas estas iniciativas,** y tiene como finalidad principal hacer efectiva la protección a todas las personas y así «garantizar que la protección ofrecida a una persona física en un Estado miembro se mantenga y continúe en cualquier otro Estado miembro al que la persona vaya a trasladarse, o se haya trasladado. Debe garantizarse asimismo que el ejercicio legítimo por parte de los ciudadanos de la Unión de su derecho a circular y a residir libremente en el territorio de los Estados miembros en virtud del artículo 3, apartado 2, del Tratado de la Unión Europea (TUE) y del artículo 21 del TFUE, no vaya en menoscabo de su protección».

Otras iniciativas de la Unión Europea

- La Estrategia para la Igualdad de Género 2020-2025, cuyo objetivo prioritario es acabar con la violencia de género, combatir los estereotipos de género, eliminar la brecha de género en el mercado de trabajo, lograr la participación en pie de igualdad en los distintos sectores de la economía, corregir la brecha salarial y de pensiones entre hombres y mujeres, colmar la brecha de género en las responsabilidades asistenciales y lograr el equilibrio de género en la toma de decisiones y en el ámbito político; para ello adopta un planteamiento dual de integración de la perspectiva de género combinada con actuaciones específicas y descansa en la interseccionalidad como principio horizontal para su aplicación.

- Plan de Acción en materia de Género de 2025 a 2027, cuyo objetivo es situar los derechos humanos y el empoderamiento, en particular de las mujeres y las niñas en primera línea, sobre todo en lugares en los que sus derechos se han visto amenazados, reducidos o eliminados por completo.

ACTIVIDAD 1.4

Para más información sobre actuaciones de la Unión Europea, consulta el siguiente enlace y compara los datos con nuestro país.

https://www.consilium.europa.eu/es/infographics/figures-gender-based-violence/

1.4.2. Ley Orgánica 1/2004, de 28 de diciembre, de Medidas de Protección Integral contra la Violencia de Género. Orden de alejamiento y medidas de protección

En su **título preliminar** expone:

Artículo 1. Objeto de la Ley.

1. Actuar contra la violencia que, como manifestación de la discriminación, la situación de desigualdad y las relaciones de poder de los hombres sobre las mujeres, se ejerce sobre estas por parte de quienes sean o hayan sido sus cónyuges o de quienes estén o hayan estado ligados a ellas por relaciones similares de afectividad, aun sin convivencia.

2. Establecer medidas de protección integral para prevenir, sancionar y erradicar esta violencia y prestar asistencia a sus víctimas.

3. La violencia de género incluye todo acto de violencia física y psicológica, incluidas las agresiones a la libertad sexual, las amenazas, las coacciones o la privación arbitraria de libertad.

Artículo 2. Principios rectores.

a) Fortalecer las medidas de sensibilización ciudadana de prevención.

b) Consagrar derechos de las mujeres víctimas de violencia de género.

c) Reforzar los servicios sociales y establecer un sistema para la más eficaz coordinación de los servicios ya existentes a nivel municipal y autonómico.

d) Garantizar derechos en el ámbito laboral y funcionarial.

e) Garantizar derechos económicos para las mujeres víctimas de violencia de género, con el fin de facilitar su integración social.

f) Establecer un sistema integral de tutela institucional.

g) Fortalecer el marco penal y procesal vigente.

h) Coordinar los recursos e instrumentos de todo tipo de los distintos poderes públicos.

i) Promover la colaboración y participación de las entidades, asociaciones y organizaciones que desde la sociedad civil actúan contra la violencia de género.

j) Fomentar la especialización de los colectivos profesionales.

k) Garantizar el principio de transversalidad de las medidas.

En su **Título I** expone las **medidas de sensibilización, prevención y detección** en:

- El ámbito educativo (cap. I arts. 4 al 9).

- Ámbito publicidad y de los medios de comunicación (cap. II arts. 10 al 14).

- Ámbito sanitario (cap. III arts. 15 y 16).

En su **Título II** expone los **derechos de las mujeres víctimas de violencia de género:**

- Derecho a la información, a la asistencia social integral y a la asistencia jurídica gratuita (cap. I arts. 17 al 20).

- Derechos laborales y prestaciones de la Seguridad Social (cap. II arts. 21 al 23).

- Derechos de las funcionarias públicas (cap. III arts. 24 al 26).

- Derechos económicos (cap. IV arts. 27 y 28).

El **Título III** expone la **tutela institucional** y prevé la constitución de la Delegación Especial del Gobierno contra la violencia sobre la mujer y el Observatorio Estatal de violencia sobre la mujer, a la vez que la creación de unidades especializadas en las Fuerzas y Cuerpos de Seguridad del Estado y la cooperación de las Policías Locales, elaborando planes de colaboración entre las distintas Administraciones con competencias en la materia. (Arts. 29 a 32).

En el **Título IV** regula la **tutela penal** y establece la obligación de los centros penitenciarios de realizar programas específicos para internos condenados por este tipo de delitos. (Arts. 33 a 42).

El **Título V** regula la **tutela judicial:**

- De los Juzgados de Violencia sobre la Mujer (organización territorial, competencia, recursos en materia penal, recursos en materia civil, formación, planta inicial de los JVM). (Cap. I arts. 43 a 56).

- Normas procesales civiles (pérdida de competencia objetiva cuando se produzcan actos de violencia sobre la mujer). (Cap. II art. 57).

- Normas procesales penales (competencia territorial, competencia por conexión). (Cap. III arts. 58 a 60).

- Medidas judiciales de protección y de seguridad de las víctimas (disposiciones generales; orden de protección; protección de datos y limitaciones a la publicidad; medidas de salida del domicilio; alejamiento o suspensión de las comunicaciones; medidas de suspensión de la patria potestad o la custodia de menores, del régimen de visitas, del derecho a la tenencia, porte y uso de armas; garantías para la adopción de las medidas y mantenimiento de las medidas cautelares). (Cap. IV arts. 61 a 69).

- Del Fiscal contra la Violencia sobre la Mujer. (Cap. V arts. 70 a 72).

Las **Disposiciones Adicionales** modifican treinta y tres, entre ellas la Ley Orgánica del Poder Judicial, el Estatuto Orgánico del Ministerio Fiscal, el Código Penal, la Ley de Demarcación y Planta Judicial y la Ley de Enjuiciamiento Criminal.

Las **Disposiciones Finales** se ocupan de la habilitación competencial, de la naturaleza de la Ley, de su entrada en vigor y de su desarrollo reglamentario.

Las **Disposiciones Transitorias** norman la aplicación de la Ley a los procesos civiles o penales en tramitación a la entrada en vigor y a la competencia de los órganos que actualmente conocen de los mismos.

La **Disposición Derogatoria única** deroga cuantas normas, de igual o inferior rango, se opongan a lo establecido en la Ley.

1.4.3. Plan Estratégico Nacional contra la Trata y la Explotación de Seres Humanos 2021-2023

Se reconoce a la trata de seres humanos con fines de explotación sexual como una de las mayores vulneraciones de los derechos humanos y una de las máximas expresiones de la violencia de género. Se suele aludir a ella como «una forma de esclavitud moderna».

Se marca como objetivo estratégico garantizar la protección, asistencia y recuperación de las víctimas de la trata y explotación de seres humanos a la vez que se trabaja con el fin de debilitar y anular la criminalidad organizada.

Figura 1.7. La trata de seres humanos con fines de explotación sexual es una «forma de esclavitud moderna», que afecta en mayor medida a las mujeres y niñas.
Fuente: Freepik.

Se establecen los siguientes principios:

1. La víctima como centro de cualquier actuación de los poderes públicos.

2. Adecuar la atención ante situaciones de vulnerabilidad contemplando tanto factores intrínsecos a la víctima, como es la edad, género, discapacidad, tipo de violencia o explotación a la que se ha visto sometida, como los factores que dependen de su contexto social, económico y político, o de su situación administrativa (persona refugiada o solicitante de protección internacional, migrante en situación irregular). El objetivo principal de este principio es prestar una asistencia adecuada e individualizada en función de las circunstancias concretas de las víctimas, reforzando y adaptando los mecanismos existentes para evitar la revictimización de las personas objeto de protección.

3. Abordar la dimensión de género. En primer lugar, siendo conscientes de que mujeres y niñas sufren este delito de manera desproporcionada, en especial en su vertiente ligada a la explotación sexual, pero también teniendo presentes las diferentes necesidades de las víctimas, en función del género y el tipo de explotación.

4. Un concepto de trata integral, que contemple una debida tipificación y penalización de las distintas formas de explotación que debieran integrarse como delitos finales de la trata de seres humanos.

5. Asentar una perspectiva multidisciplinar que integre a todos los actores públicos y privados, con especial atención a la sociedad civil, y que fomente la cooperación y coordinación en los ámbitos nacional e internacional.

El antecedente al Plan Estratégico contra la trata y la explotación de seres humanos, fue el Plan Integral de lucha contra la trata de mujeres y niñas con fines de explotación sexual 2015-2018, cuyo objetivo central era la promoción de los derechos humanos y la protección de las víctimas, convirtiéndose en un instrumento de carácter integral y multidisciplinar para luchar contra la trata de mujeres y niñas con fines de explotación sexual.

Dicho Plan Integral se asentaba en siete pilares:

1. Enfoque de derechos humanos, siendo este el elemento central del Plan.

2. Enfoque de género.

3. Primacía del interés superior del menor, que tenga en cuenta la especial vulnerabilidad de las niñas frente a la trata con fines de explotación sexual.

4. Mejora del conocimiento de las situaciones de trata con fines de explotación sexual.

5. Las víctimas protagonistas de todo el proceso.

6. Persecución del delito.

7. Enfoque integral, cooperación y participación de todos los actores que intervienen en estas situaciones, tanto instituciones públicas y privadas como organizaciones especializadas con el objetivo de diseñas una política integral y multidisciplinar.

Una vez finalizado el periodo de vigencia de este Plan Integral se realiza una evaluación final en la que como objetivo que hay que realizar se marca la necesidad de llevar a cabo la elaboración de una Ley integral de lucha contra la trata con fines de explotación sexual para conseguir que dicha lucha sea realmente eficaz.

Puedes ampliar más información en:

https://violenciagenero.igualdad.gob.es/wp-content/uploads/informe_final.pdf

https://www.lamoncloa.gob.es/serviciosdeprensa/notasprensa/interior/Paginas/2022/120122-plantrata.aspx

---

En 2022, el Consejo de Ministros y Ministras aprobó el anteproyecto de Ley Orgánica Integral contra la Trata y la Explotación de Seres Humanos, siguiendo las recomendaciones de ámbito internacional y con el objetivo de acabar con la dispersión normativa, abordando conjuntamente la lucha contra todas las formas de trata de seres humanos y contra todas las maneras de explotación que constituyen la finalidad de la trata, incriminando el trabajo forzoso, la servidumbre, la esclavitud y todas las formas de explotación.

En este anteproyecto se recogen:

• La ley reconoce los derechos sin necesidad de interposición de denuncia.

• Campañas para la prevención y la sensibilización de la sociedad.

• Asistencia a la víctima, garantizándole toda una serie de derechos y medidas de apoyo. Se contempla un régimen de ayudas económicas para la víctima y sus hijos e hijas.

• Se establecen medidas en los ámbitos educativo, sanitario, de publicidad y medios de comunicación, para garantizar la detección temprana.

- Se fortalecen las normas laborales en los sectores más sensibles, contando con la colaboración de la Inspección de Trabajo y Seguridad Social.

En marzo de 2024, el texto inicia el proceso de audiencia pública para recoger aportaciones y se establecen los informes preceptivos para su aprobación definitiva.

1.4.4. Leyes a nivel autonómico

A continuación se indican las principales leyes de las distintas autonomías:

Andalucía

- Ley Orgánica 13/2007, de 26 de noviembre, de medidas de prevención y protección integral contra la violencia de género, modificada por la Ley 7/2018, de 30 de julio, por la que se modifica la Ley 13/2007, 26 noviembre, de medidas de prevención y protección integral contra la violencia de género.

- Ley 12/2007, de 26 de noviembre, para la Promoción de la Igualdad de Género en Andalucía.

Aragón

- Ley 4/2007, de Prevención y Protección Integral a las Mujeres Víctimas de Violencia en Aragón.

Canarias

- Ley 16/2003, de 8 de abril, de Prevención y Protección Integral de las Mujeres contra la Violencia de Género.

- Ley 1/2010, de 26 de febrero, Canaria de Igualdad entre Mujeres y Hombres.

Cantabria

- Ley de Cantabria 1/2004, de 1 de abril, Integral para la Prevención de la Violencia contra las Mujeres y la Protección a sus Víctimas.

Castilla-La Mancha

- Ley 4/2018, de 8 de octubre, para una Sociedad Libre de Violencia de Género en Castilla-La Mancha.

Castilla y León

- Ley 1/2003, de 3 marzo, de Igualdad de Oportunidades entre Mujeres y Hombres en Castilla y León.

- Ley 7/2007, de 22 de octubre, de Modificación de la Ley 1/2003, de Igualdad de Oportunidades entre Mujeres y Hombres de Castilla y León.

- Decreto 116/2007, de 29 de noviembre, por el que se regula el ejercicio de acciones judiciales por parte de la Administración de la Comunidad de Castilla y León en los procesos penales por violencia contra las mujeres.

- Ley 13/2010, de 9 de diciembre, contra la Violencia de Género en Castilla y León.

- Ley 1/2011, de 1 de marzo, de evaluación del impacto de género en Castilla y León.

Cataluña

- Ley 5/2008, de 24 de abril, de los Derechos de las Mujeres para la Erradicación de la Violencia Machista.

Comunidad Valenciana

- Ley 9/2003, de 2 de abril, de la Generalitat, para la Igualdad entre Mujeres y Hombres.

- Ley 7/2012, de 23 de noviembre, integral contra la violencia sobre la mujer en el ámbito de la Comunitat Valenciana.

Extremadura

- Ley 8/2011, de 23 de marzo, de Igualdad entre Mujeres y Hombres y contra la Violencia de Género en Extremadura.

Galicia

- Ley 7/2004, de 16 de julio, gallega para la Igualdad de Mujeres y Hombres.

- Ley 2/2007, de 28 de marzo, de Trabajo en Igualdad de las Mujeres de Galicia.

- Ley 11/2007, de 27 de julio, gallega para la Prevención y Tratamiento Integral de la Violencia de Género.

Islas Baleares

- Ley 11/2016, de 28 de julio, de igualdad de mujeres y hombres de la Comunidad Autónoma de las Islas Baleares.

La Rioja

- Ley 11/2022, de 20 de septiembre, contra la Violencia de Género de La Rioja.

Madrid

- Ley 5/2005, de 20 de diciembre, Integral de Violencia de Género de la Comunidad de Madrid modificada por la Ley 3/2018, 22 junio, de modificación de la Ley 5/2005, de 20 de diciembre, Integral contra la Violencia de Género de la Comunidad de Madrid.

Murcia

- Ley 7/2007, de 4 de abril, para la Igualdad entre Mujeres y Hombres, y de Protección contra la Violencia de Género en la Región de Murcia modificada por la Ley 3/2019, de 20 de marzo, de modificación de la Ley 7/2007, de 4 de abril, para la igualdad entre mujeres y hombres, y de protección contra la violencia de género en la Región de Murcia.

Navarra

- Ley Foral 14/2015, de 10 de abril, para actuar contra la violencia hacia las mujeres, modificada por la Ley Foral 3/2018, de 19 de abril, para la modificación de la Ley Foral 14/2015, de 10 de abril, para actuar contra la violencia hacia las mujeres.

País Vasco

- Ley 4/2005 de Igualdad de Mujeres y Hombres (Título III, Cap. VI, dedicado a Violencia de Género) modificada por la Ley 1/2022, de 3 de marzo, de segunda modificación de la Ley para la Igualdad de Mujeres y Hombres.

Principado de Asturias

- Ley 2/2011, de 11 de marzo, para la igualdad de mujeres y hombres y la erradicación de la violencia de género.

1.5. RECONOCIMIENTO DE PROTOCOLOS DE ACTUACIÓN ANTE SITUACIONES DE VIOLENCIA CONTRA LAS MUJERES: CONSIDERACIÓN DE SITUACIONES DE ESPECIAL VULNERABILIDAD

El concepto de interseccionalidad propone estudiar la existencia de distintos factores que se presentan en la vida de una persona y que interactúan provocando una desventaja.

Una persona, en este caso que nos ocupa, una mujer, puede pertenecer a varios grupos con características vulnerables, lo que supondría verse expuesta a las desventajas que sufre cada uno de dichos grupos, por lo que se encontraría en situaciones de mayor riesgo de discriminación que cualquier otra persona que no pertenezca a dichos grupos.

En el caso concreto de la mujer que sufre violencia de género, se considera que se encuentra en situación de especial vulnerabilidad si se relaciona con la existencia de otras situaciones sociales y legales específicas, con barreras y obstáculos añadidos que impiden que accedan a sus derechos en las mismas condiciones que otras mujeres.

Algunos de los grupos de especial vulnerabilidad que debemos tener en cuenta, son:

- Mujeres migrantes, con mayor incidencia en aquellas con dificultades de comunicación oral y desconocimiento del idioma.

- Mujeres con cualquier tipo de discapacidad.

- Mujeres del ámbito rural.

- Mujeres de la tercera edad.

- Mujeres embarazadas.

- Mujeres de minorías étnicas o pertenecientes a minorías religiosas.

Figura 1.8. La campaña #NiUnaMenos surge del movimiento feminista en Argentina en 2015, convirtiéndose en un lema de protesta contra la violencia hacia la mujer en todo el mundo. *Fuente:* Freepik.

Todas estas mujeres tienen mayor riesgo de exposición a sufrir violencia, no solamente porque pertenecen a estos grupos, sino también porque los agresores saben que tienen menos opciones y muchas más barreras para conocer sus derechos y obtener protección o asistencia.

1.6. GESTIÓN DE RECURSOS

Existen numerosos recursos con el objetivo de facilitar una atención específica, profesional y de calidad a las mujeres víctimas de violencia de género.

Tanto las Administraciones públicas como las entidades sociales ponen en marcha recursos específicos de atención, en este apartado te ofrecemos información sobre aquellos más relevantes.

Las Administraciones públicas están dando un paso más allá al no prestar atención en exclusividad a la creación y puesta en marcha de recursos específicos, sino que ha entendido la importancia de establecer planes de coordinación entre personas profesionales con el objetivo de ofrecer una atención de calidad, coordinada y específica que evite una doble victimización de las mujeres que sufren violencia de género.

1.6.1. Específicos de atención: teléfono de información y asesoramiento gratuito 24 horas, atención, puntos violeta

A continuación se detallan estos recursos:

- **016**. Servicio telefónico de información, de asesoramiento jurídico y de atención psicosocial inmediata por personal especializado a todas las formas de violencia contra las mujeres, a través del número telefónico de marcación abreviada 016; por WhatsApp en el número 600 000 016; a través de un chat *online* en la página web de la Delegación del Gobierno contra la Violencia de Género y por correo electrónico al servicio 016 *online*: 016-online@igualdad.gob.es.

016

016-online @igualdad.gob.es

violenciagenero.igualdad.gob.es

WhatsApp 600 000 016

Figura 1.9. El 016 no solamente es un teléfono de emergencia, sino que es un servicio de información, de asesoramiento jurídico y de atención psicosocial especializado y de atención inmediata.

Es un servicio gratuito, totalmente confidencial, que se atiende en 53 idiomas por teléfono las 24 horas, y en otros 39 idiomas a través de un servicio de teletraducción.

La atención por correo electrónico y chat *online* se presta 24 horas, en castellano, catalán, euskera, gallego, valenciano, inglés y francés. Accesible para personas con discapacidad auditiva y/o del habla y baja visión.

Además de ser un teléfono de urgencia que en caso de ser necesario deriva la llamada al teléfono de emergencia, 112, presta los siguientes servicios:

— Servicio de información general (servicio 24 horas de lunes a domingo).

— Servicio de asesoramiento jurídico (de 8 a 22 horas de lunes a domingo).

— Atención psicosocial inmediata para todas las personas que necesiten contención emocional y acompañamiento psicosocial inmediato (servicio 24 horas de lunes a domingo): realizada por personal especializado.

— Información a las mujeres víctimas de violencia contra las mujeres y a su entorno sobre qué hacer.

— Información sobre recursos y derechos de las víctimas en materia de empleo, servicios sociales, ayudas económicas, recursos de información, de asistencia y de acogida para víctimas de este tipo de violencia.

— Derivación de llamadas realizadas por menores de edad al teléfono ANAR de Ayuda a Niños y Adolescentes en Riesgo: 900 202 010.

— Derivación de llamadas relacionadas con la trata de mujeres y niñas con fines de explotación sexual al teléfono del Ministerio del Interior: 900105090.

Se garantiza la accesibilidad para personas con discapacidad auditiva y/o del habla, a través de los siguientes recursos:

— SVIsual: http://www.svisual.org

— Telesor: https://www.telesor.es

— WhatsApp: 600 000 016 (este número solo admite WhatsApp, no admite llamadas de teléfono).

— Chat *online*: violenciagenero.igualdad.gob.es

— Correo electrónico: 016-online@igualdad.gob.es

— DTS o teléfono de texto: 900 116 016.

— *Apps* para teléfonos móviles.

— Accesibilidad para personas con baja visión: el correo electrónico, su contenido y estructura están adaptados para facilitar su utilización por personas con limitaciones en la visión.

Con el fin de garantizar la protección a la víctima las compañías fabricantes de telefonía móvil han desarrollado funcionalidades que permiten que las llamadas al servicio 016 no queden registradas ni almacenadas en el registro de llamadas de los *smartphones*.

- **ATENPRO.** El servicio telefónico de Atención y Protección para víctimas de violencia contra las mujeres (ATENPRO) es una modalidad de servicio que, con la tecnología adecuada, ofrece a las víctimas de violencia contra las mujeres una atención inmediata, ante las eventualidades que les puedan sobrevenir, las 24 horas del día, los 365 días del año y sea cual sea el lugar en que se encuentren.

El servicio se basa en la utilización de tecnologías de comunicación telefónica móvil y de telelocalización. Permite que las mujeres víctimas puedan entrar en contacto en cualquier momento con un centro atendido por personal específicamente preparado para dar una respuesta adecuada a sus necesidades, incluso ante situaciones de emergencia, y en caso de ser necesario movilizar otros recursos humanos y materiales.

Pueden solicitar el servicio las víctimas de la violencia contra las mujeres que cumplan los siguientes requisitos:

— No convivir con la persona o personas que le han sometido a maltrato.

— Participar en los programas de atención especializada para víctimas de la violencia contra las mujeres existentes en su territorio autonómico.

Más información:

— Servicios Sociales del Ayuntamiento en el que residan.

— Teléfono: 900 22 22 92.

— Información a Entidades Locales: atenpro@femp.es

— Información Ministerio: atenpro-sei@igualdad.gob.es

En cuanto a las comunidades autónomas, la Delegación de Gobierno contra la Violencia de Género realiza la Estadística de Recursos Autonómicos en Materia de Violencia contra la Mujer, con el objetivo de presentar, de forma cuantitativa y estructurada, los datos sobre los diversos recursos que las comunidades autónomas y las ciudades de Ceuta y Melilla ponen en marcha.

Se puede consultar la última realizada en 2020, en el siguiente enlace:

https://violenciagenero.igualdad.gob.es/violenciaencifras/
recursos-autonomicos/

- **Los Puntos Violeta.** Son un instrumento que forma parte del catálogo de medidas urgentes del Plan de Mejora y Modernización impulsado por distintos ministerios del Gobierno de España y supone un cambio de enfoque en las políticas públicas de atención a las víctimas, situando la violencia machista como un problema estructural que requiere la implicación del conjunto de la sociedad para acabar con ella.

Figura 1.10. Los Puntos Violeta son aquellos lugares en los que una mujer puede acudir en caso de sentirse acosada, presionada o si es víctima de alguna agresión, y adquieren gran importancia en entornos festivos y de ocio nocturno.

Sus objetivos son:

— Implicar a toda la sociedad en la lucha contra la violencia machista.

— Acercar los servicios integrales a las víctimas a través de su entorno.

— Facilitar información sobre cómo actuar ante un caso de violencia machista a establecimientos, entidades, empresas y organismos públicos.

1.6.2. No específicos en el contexto de intervención

Disponemos de los siguientes:

- 112 Servicio de atención de urgencias y emergencias.
- 091 Policía Nacional.
- 062 Guardia Civil.

1.7. COORDINACIÓN CON ASOCIACIONES DE MUJERES Y OTRAS ORGANIZACIONES DEL ENTORNO DE INTERVENCIÓN ESPECIALIZADAS EN EL TRATAMIENTO DE LA VIOLENCIA DE GÉNERO

El **punto de coordinación** es una unidad administrativa en la que los juzgados remiten las Órdenes de Protección de las mujeres víctimas de violencia de género y, desde donde se facilita el acceso en tiempo real a las ayudas que son solicitadas por la víctima o que resultan necesarias por su situación, la de sus hijas e hijos y otras personas dependientes a su cargo, realizándose el seguimiento, la coordinación y la evaluación de las mismas.

El **Punto de Coordinación de la Comunidad de Madrid** ha definido un Protocolo de Atención a las víctimas de violencia de género que contempla todos los pasos que hay que seguir desde que una Orden de Protección le es comunicada legalmente.

Las **siete líneas de actuación** que se siguen son:

- **Recepción de las órdenes de protección** en el Punto de Coordinación.

- **Apertura de un expediente** a la víctima, si fuese la primera vez que solicita la orden.

- **Información, orientación y apoyo** a las víctimas desde el Punto de Coordinación.

- **Derivación de la orden** al Punto Municipal del Observatorio Regional de la Violencia de Género, a los Servicios Sociales de atención primaria municipales correspondientes, a la Red de atención en salud mental e intervención psicosocial, así como al Punto de Atención a colectivos específicos de mujeres dependiente del Observatorio Regional de la Violencia de Género.

- **Atención a la víctima** en el Punto Municipal del Observatorio Regional de la violencia de género o en los Servicios Sociales de atención primaria.

- **Seguimiento de las actuaciones** en los Puntos Municipales del Observatorio Regional de Violencia de Género.

- **Evaluación** del cumplimiento de las medidas adoptadas.

Consejería de Políticas Sociales, Familias y Natalidad. Dirección General de Igualdad

C/ Manuel de Falla, 7 - 2.ª planta. 28036 Madrid

Teléfono: 91 72062637 / 91 7206286

Correo electrónico: puntodecoordinacion@madrid.org

Existen numerosas asociaciones de mujeres, y otras organizaciones especializadas, que comparten como objetivo la atención integral a mujeres víctimas de violencia.

Podemos destacar:

- **Asociación de mujeres juristas THEMIS,** cuyo objetivo fundacional es promover la igualdad jurídica entre mujeres y hombres, llevando a cabo aquellas acciones que garanticen la efectividad de los derechos de las mujeres, e impulsar propuestas de cambio de aquellas normas jurídicas que atenten contra sus derechos.

> Puedes ampliar más información en:
>
> http://www.mujeresjuristasthemis.org/index.php
>
>

- **Fundación Mujeres,** cuyo fin fundacional es contribuir a la mejora de la situación social y la calidad de vida de las mujeres, así como al desarrollo del principio y las políticas de igualdad de oportunidades entre mujeres y hombres en los diferentes ámbitos social, político y económico. Tienen las siguientes líneas de actuación:

  — Empleo e igualdad de oportunidades.

  — Políticas de igualdad y *mainstreaming* de género.

  — Prevención de la violencia de género.

  — Cooperación al desarrollo.

> Puedes ampliar más información en:
>
> http://www.fundacionmujeres.es/
>
>

- **Asociación MUM** (Mujeres unidas contra el maltrato), cuyos objetivos son, entre otros, conseguir que mujeres víctimas de violencia de género pasen a ser supervivientes; atender a su desarrollo personal para su plena incorporación a la sociedad; apoyar el trabajo en red con asociaciones, fundaciones, empresas, instituciones y otros organismos, para lograr una atención integral a las mujeres supervivientes.

Entre otros, ofrecen los siguientes servicios:

— Atención a la mujer víctima y sus hijos e hijas: disponen de un equipo de profesionales de la psicología, abogacía o trabajo social para las mujeres que lo necesitan.

— Acompañamiento y seguimiento: acompaña a las víctimas a interponer denuncia, o al hospital si es agredida, y en la tramitación de recursos. Y en todo momento realizan seguimientos del caso de forma continua para confirmar la seguridad de la mujer y sus hijos e hijas.

— Recursos de emergencia: disponen de un fondo de alimentos, ropa, zapatos, cosas del hogar, higiene, etc. para los casos de emergencia de las mujeres y sus hijos e hijas.

Puedes ampliar más información en:

http://www.asociacionmum.org/

ACTIVIDADES FINALES

De comprobación

1.1. La violencia de género contra las mujeres es:

a) Estructural.

b) Relacional.

c) Un fenómeno de carácter privado.

1.2. Los factores que perpetúan la violencia son:

a) Culturales, económicos, políticos y legales.

b) Afectivos, económicos y laborales.

c) Culturales, legales y de exclusión social.

1.3. Entendemos por violencia y abuso sexuales:

a) Los actos de naturaleza sexual consentidos por una mujer, fuera de una relación de pareja.

b) Aquellos actos sexuales o no sexuales, que suponen un abuso por parte de una persona, hacia una mujer.

c) Cualquier acto de naturaleza sexual forzada por el agresor o no consentida por la mujer, abarcando la imposición, mediante la fuerza o con intimidación, de relaciones sexuales no consentidas, y el abuso sexual, con independencia de que el agresor guarde o no relación conyugal, de pareja, afectiva o de parentesco con la víctima.

1.4. Los mitos sobre la violencia de género provocan:

a) La perpetuación de una visión distorsionada de la naturaleza de la violencia de género.

b) Que se victimice doblemente a las mujeres, a las que se culpa de sufrir esta violencia.

c) Todas las respuestas anteriores son correctas.

© Ediciones Paraninfo

1.5. Señala cuál de estas es una característica del comportamiento que suelen ser comunes en la conducta de los agresores:

a) Se muestran violentos y agresivos en el ambiente familiar (fundamentalmente con sus parejas), mientras que presentan una gran capacidad de seducción y persuasión en los demás ambientes públicos.

b) Suelen asumir su violencia y solicitan ayuda profesional para ese comportamiento.

c) Son hombres de clase baja, con poco poder adquisitivo y bajo nivel académico.

1.6. La «Escalada de la Violencia» consta de cuatro peldaños:

a) Agresiones verbales, agresiones físicas, sexuales y muerte.

b) Agresiones psicológicas, agresiones verbales, agresiones físicas y muerte violenta.

c) No existe la «Escalada de la Violencia».

1.7. Según Leonore Walker la violencia se produce en tres fases, que se repiten de forma cíclica:

a) Fase de acumulación de tensión, fase de explosión o agresión y fase de calma, reconciliación o luna de miel.

b) Fase de gritos, fase de agresión y fase de muerte.

c) Fase de acumulación de tensión, fase de agresión sexual y fase de agresión física.

1.8. Señala cuál es la ley en la que se recogen las medidas de protección integral contra la violencia de género:

a) Ley Orgánica 3/2010, de 3 de marzo.

b) Ley Orgánica 1/2004, de 28 de diciembre.

c) Ley 12/1999, de 12 de enero.

© Ediciones Paraninfo

1.9. **Indica en qué año el Parlamento Europeo aprobó la primera normativa europea para luchar contra la violencia contra las mujeres y la violencia doméstica, recogiendo como novedad la exigencia a los Estados miembros, de leyes más estrictas contra la ciberviolencia, mejor asistencia a las víctimas y medidas para prevenir las violaciones.**

a) El Parlamento Europeo aún no ha aprobado ninguna normativa referente a esta materia.

b) Se aprobó un Pacto por la Igualdad, cuya vigencia finalizó en 2022.

c) En abril de 2024, de cuya aprobación se deriva la Directiva (UE) 2024/1385 del Parlamento Europeo.

1.10. **Los objetivos de los Puntos Violeta son:**

a) Implicar a toda la sociedad en la lucha contra la violencia machista, acercando los servicios integrales a las víctimas a través de su entorno.

b) Facilitar información sobre cómo actuar ante un caso de violencia machista a establecimientos, entidades, empresas y organismos públicos.

c) Todas las respuestas anteriores son correctas.

De ampliación

1.1. **Relaciona las formas de ejercer la violencia de género.**

1.2. **Define las estrategias defensivas que utiliza el maltratador.**

1.3. **Relaciona al menos cinco ejemplos de actitud controladora, como primeros signos de violencia en una pareja.**

1.4. **Relaciona las tres fases de la violencia, según Leonore Walker, señalando sus características más importantes.**

1.5. **Define violencia de género, basándote en la normativa española.**

2. Identificación de necesidades y procesos de intervención con mujeres víctimas de violencia machista

Contenido

En este capítulo vamos a poner el foco de atención en la intervención con mujeres víctimas de violencia, fijándonos en las necesidades específicas de las mismas, teniendo en cuenta aquellos colectivos que presentan mayores dificultades.

Nos centraremos en identificar las principales consecuencias que padecen las mujeres víctimas de violencia de género, y los procesos de victimización que sufren, ya que a la hora de establecer pautas de actuación y aplicar protocolos efectivos es imprescindible conocer las características principales de los efectos de la violencia en la vida de las mujeres maltratadas.

En las próximas páginas, estableceremos los derechos básicos con los que cuentan las víctimas en caso de agresión, y cuyo conocimiento es imprescindible a la hora de informar y asesorar a las mujeres.

2.1. IDENTIFICACIÓN DE NECESIDADES ESPECÍFICAS DE MUJERES QUE HAN SIDO VÍCTIMAS, ATENDIENDO A LA ESPECIFICIDAD DE COLECTIVOS EN SITUACIÓN DE MAYOR VULNERABILIDAD (MUJERES DISCAPACITADAS, INMIGRANTES, ETCÉTERA)

Aunque no podemos hablar de un perfil concreto de víctima ni de agresor, sí podemos afirmar que existen colectivos de mujeres especialmente vulnerables, que se recogen en la **Ley 1/2004**, que en su artículo 32, establece que:

> «En las actuaciones previstas en este artículo se considerará de forma especial la situación de las mujeres que, por sus circunstancias personales y sociales, puedan tener mayor riesgo de sufrir la violencia de género o mayores dificultades para acceder a los servicios previstos en esta Ley, tales como las pertenecientes a minorías, las inmigrantes, las que se encuentran en situación de exclusión social o las mujeres con discapacidad».

Estos colectivos, por tanto, son:

Mujeres con discapacidad

Las mujeres con discapacidad se encuentran en una situación de mayor vulnerabilidad. La dependencia, la discriminación, la falta de conocimiento suficiente sobre la incidencia y la dificultad para dar plenitud al ejercicio de sus derechos requieren una atención adecuada, diseñando medidas que tengan en cuenta la situación concreta de estas mujeres y les faciliten el disfrute de sus derechos.

Los estereotipos que la sociedad adjudica a las mujeres, sobre lo que son y pueden ser, se agravan aún más cuando además es mujer con alguna discapacidad, por lo que son más sensibles a los factores de vulnerabilidad hacia la violencia de género:

- Porque disminuyen sus posibilidades de defensa personal ante el agresor.

- Porque es menos habitual que trabajen y eso las aísla en el ámbito doméstico e incrementa sus posibilidades de sufrir dependencia económica.

- Por su mayor dependencia a la asistencia o cuidados del agresor.

- Por el miedo a denunciar el abuso y perder vínculos afectivos y la provisión de cuidados.

- Entre los estereotipos se encuentra la expresión «sentir lástima» que supone una posición de superioridad de quien la siente y una merma de la autoestima de quien la padece.

- Muchas mujeres con discapacidad sufren agresiones verbales y humillaciones por su estado lo que las hace más vulnerables a la aceptación de otras agresiones por parte de sus parejas.

- Ante la violencia física o sexual, su discapacidad puede agravar las dificultades para reaccionar y defenderse.

- Si no tienen autonomía funcional, pueden depender más de sus parejas por lo que tienen más dificultades para abandonar a sus maltratadores. La dependencia económica es superior por su mayor dificultad para encontrar un empleo.

- No todos los servicios y recursos a disposición de las víctimas de violencia de género son accesibles para las mujeres con discapacidad debido a las barreras físicas y sensoriales.

Según la **Estrategia Nacional para la Erradicación de la Violencia contra la Mujer (2013-2016),** los datos sobre las mujeres con discapacidad que sufren violencia de género son escasos.

Según la **Macroencuesta de Violencia de Género de 2019,** las mujeres con discapacidad son víctimas de violencia de género con mucha mayor frecuencia que las mujeres que no sufren discapacidad.

- Entre las mujeres que tienen una discapacidad y han sufrido violencia sexual fuera de la pareja alguna vez en su vida, el 14,3 % dice que la discapacidad es consecuencia de estos episodios de violencia sexual.

- El 17,5 % de las mujeres con discapacidad que ha sufrido violencia física, sexual o emocional de alguna pareja o expareja dice que su discapacidad es consecuencia de la violencia de sus parejas. Este porcentaje asciende al 23,4 % en el caso de las mujeres con discapacidad que ha sufrido violencia física o sexual.

- Las mujeres con discapacidad acreditada han sufrido violencia sexual fuera de la pareja a lo largo de sus vidas en mayor proporción (10,3 %) que las mujeres sin discapacidad acreditada (6,2 %).

Figura 2.1. Las mujeres con discapacidad se encuentran en una situación de mayor vulnerabilidad, ya que tienen una mayor dificultad para el ejercicio de sus derechos, por lo que es necesaria una atención adecuada que tenga en cuenta la situación concreta de las mujeres con diversidad funcional.

Mujeres del mundo rural o de municipios pequeños

Las mujeres del medio rural, por residir en espacios geográficos de menor tamaño con menor población y densidad, se encuentran en una situación que también requiere una actuación específica. Las especiales características sociodemográficas y geográficas de este contexto propician la consideración hacia la violencia de género en el entorno social como algo vergonzoso y enmarcado en el ámbito estrictamente privado.

El estudio **Violencia de Género en los Pequeños Municipios del Estado Español 2009,** realizado por el Ministerio de Sanidad, Políticas Sociales e Igualdad y la FEMP, refleja que el mundo rural o de municipios pequeños se caracteriza por ser muy tradicional y estar muy masculinizado, por lo que se presentan dificultades para percibir la violencia de género debido a una legitimación, que obstaculiza las posibilidades de reconocimiento de los comportamientos violentos y, por ello, la solución a los mismos.

Los datos de este estudio resaltan la situación de aislamiento y el déficit de servicios sociales, el control social y la estigmatización de las mujeres que sufren este tipo de violencia, la estructura familiar tan extensa y a la vez tan estrecha, que condiciona su vida cotidiana y que a su vez ejerce una gran presión y control social. La falta de independencia económica y de autonomía personal, falta de oportunidades en el mundo laboral y la precariedad en el empleo, que hacen del empleo femenino algo secundario e invisible.

La confluencia de estas circunstancias puede originar que muchas mujeres que viven en el ámbito rural se encuentren en una posición de vulnerabilidad que las coloca en una situación de mayor riesgo frente a la violencia de género.

Figura 2.2. En los últimos años se ha detectado una reducción de la brecha de género en la ocupación agraria, y aunque la mano de obra agraria sigue siendo eminentemente masculina, se ha producido un notable aumento de las mujeres empleadas, pasando del 7,1 % en 2011 a más del 18 % en la actualidad.

En comparación con poblaciones de mayor tamaño, en los pequeños municipios existen:

- Estereotipos de género acentuados.

- Mayor peso de la comunidad que se concreta, por ejemplo, en el mayor control social.

- Menor percepción de las características de la violencia.

- Menores posibilidades de independencia económica.

- Mayor envejecimiento de las mujeres.

Según la **Estrategia Nacional para la Erradicación de la Violencia contra la Mujer (2013-2016),** el lugar de residencia puede tener un efecto condicionante a la hora de manifestar la existencia de violencia de género.

La última Macroencuesta de Violencia de Género 2019 viene a demostrar que en general las diferencias según el tamaño de municipio son pequeñas:

- Cuanto mayor es el tamaño del municipio de residencia mayor es el porcentaje de mujeres que han verbalizado la violencia sufrida de sus parejas o exparejas a través de la denuncia, la búsqueda de ayuda formal o informal: 66,9 % de las que viven en municipios de hasta 2000 habitantes, 78,5 % de quienes viven en municipios de entre 2001 y 10 000 habitantes, y 83,3 % de las mujeres que viven en municipios de más de 10 000 habitantes.

- La prevalencia del acoso sexual entre las mujeres que viven en municipios pequeños es menor que la de quienes viven en municipios de mayor tamaño: el 33,4 % de quienes viven en municipios de 2000 habitantes o menos lo han sufrido en alguna ocasión, el 10,8 % en los últimos 4 años, el 7,2 % en los últimos 12 meses y el 16,2 % antes de cumplir los 15 años de edad, frente al 36,4 %, 16,4 %, 9,1 % y 16,3 % respectivamente de las mujeres que viven en municipios de entre 2001 y 10 000 habitantes, y al 41,6 %, 19,0 %, 10,5 % y 19,1 % respectivamente de las mujeres que viven en municipios de más de 10 000 habitantes.

Mujeres nacidas en el extranjero

- La incidencia de la violencia en la pareja es superior entre las mujeres nacidas en el extranjero que entre las nacidas en España.

- Han denunciado violencia física, sexual o emocional de la pareja en mayor medida (28,6 %) que las nacidas en España (20,0 %).

- Las mujeres nacidas en el extranjero han sufrido violencia sexual fuera de la pareja a lo largo de sus vidas en una proporción ligeramente superior (9,8 %) que las mujeres nacidas en España (6,0 %).

- El 5,2 % de las mujeres nacidas en el extranjero han sido violadas por una persona distinta de su pareja o expareja frente al 1,8 % de las mujeres nacidas en España.

- Las mujeres nacidas en el extranjero citan en mayor medida que las nacidas en España haber sufrido violencia sexual de familiares hombres (37,5 % *vs.* 17,6 %) y en menor medida de desconocidos hombres (27,4 % *vs.* 42,0 %).

- El 28,9 % de las mujeres que han nacido en otro país y han sufrido violencia sexual afirma que la violencia sexual tuvo lugar exclusivamente en España, un 60,2 % dice que sucedió en el extranjero y un 10,9 % que tuvo lugar tanto en España como en el extranjero. Por el contrario, el 97 % de las mujeres que han nacido en España y han sufrido violencia sexual afirma que esta tuvo lugar exclusivamente en España.

Todos estos datos están reflejados en la macroencuesta sobre violencia de género realizada en 2019 por la Delegación de Gobierno contra la Violencia de Género, y se puede consultar en la página web:

Puedes ampliar más información en:

https://violenciagenero.igualdad.gob.es/macroencuesta2015/macroencuesta2019/

Figura 2.3. Las mujeres nacidas en el extranjero son uno de los colectivos más vulnerables, por cuestiones que implican una doble o triple discriminación, factores como el idioma, la falta de redes propias, el desconocimiento de la cultura y de la legislación del país de acogida influyen claramente en su vulnerabilidad.

Mujeres pertenecientes a etnias minoritarias

La **Guía de intervención social con población gitana desde la perspectiva de género** de la Fundación Secretariado Gitano (2013) incide en el hecho de que las mujeres gitanas víctimas de violencia de género experimentan un condicionante cultural adicional que las engloba. Desde esta fundación destacan la poca información que existe al respecto y señalan algunos **rasgos específicos** que hay que tener en cuenta para trabajar desde la prevención o intervención:

- La comunidad gitana, a través de la mediación tradicional, soluciona sus conflictos, incluidos los de violencia de género.

- En esta comunidad, se considera que el maltratador no está respetando las normas de convivencia, por lo que se permite que los hombres de respeto puedan tomar medias. En algunos casos se produce la separación de la pareja o incluso se obliga al maltratador a abandonar el municipio o ámbito de influencia de la familia.

- Estas situaciones tan subjetivas desencadenan que solo se detecte la violencia física, con lo que las mujeres que padecen violencia psicológica tengan que seguir soportando su situación.

- Que una mujer gitana denuncie una situación de malos tratos puede desencadenar conflictos entre familias lo que les produce culpabilidad, revictimización, miedo, etcétera.

- Los equipos profesionales no suelen estar formados en este colectivo con lo que les resulta difícil abordar estos casos.

- Las mujeres gitanas, al tener que denunciar, temen no solo las represalias del maltratador (como todas las víctimas), sino también el sentimiento de que el proceso interno de mediación en su comunidad ha fallado.

- Denunciar a un miembro de su comunidad puede llevarla a ser rechazada o a tener que romper con su comunidad lo que le supone renunciar a su red de apoyo, tan importante para superar esta situación.

2.2. CARACTERIZACIÓN E IDENTIFICACIÓN DE LAS CONSECUENCIAS DE LA VIOLENCIA: PROCESOS DE VICTIMIZACIÓN Y REVICTIMIZACIÓN

Tanto el maltrato físico como psicológico causan a las mujeres que lo sufren, en la mayoría de los casos, un malestar psicológico crónico. Las investigaciones no encuentran diferencias entre aquellas que sufren maltrato físico, y las que sufren maltrato psicológico.

Anualmente la OMS destaca, en su informe mundial sobre violencia y salud, que la violencia hacia las mujeres es una pandemia, con unas graves consecuencias psicológicas, como son:

- Depresión y ansiedad.

- Tristeza.

- Ansiedad o angustia.

- Fobias y trastorno de pánico.

- Insomnio.
- Cambios del estado de ánimo.
- Ganas de llorar sin motivo.
- Trastorno de estrés postraumático.
- Trastornos de la conducta alimentaria y del sueño.
- Trastornos psicosomáticos.
- Sentimientos de vergüenza y culpabilidad.
- Conductas autolíticas y autodestructivas.
- Abuso de alcohol y drogas.
- Irritabilidad.
- Baja autoestima.
- Suicidio o ideación suicida.

Las principales consecuencias psicológicas más frecuentemente son:

- **Trastorno de estrés postraumático.** La característica principal es la aparición de una serie de síntomas específicos que sigue a la exposición por parte de la persona a un acontecimiento estresante y muy traumático, que ha podido suponer un peligro o amenaza para la vida o integridad física.

- **Altos niveles de ansiedad y miedo.** Dado que los episodios de violencia se manifiestan de forma repetida, hace que las mujeres vivan en una situación de angustia y temor permanente por su integridad y la de sus hijos e hijas.

- **Depresión, baja autoestima y sentimiento de culpa.** Son consecuencia de los fracasos por intentar cambiar la actitud del agresor y de no sentirse capaces de hacer frente a la situación.

- **Trastornos psicosomáticos.** Manifiestan alteraciones y dolencias físicas originadas por un malestar psicológico ante la situación y mientras más dure la situación de maltrato, más graves son las consecuencias psicológicas. Esto provoca que la víctima cada vez se encuentre más inhibida y con menos recursos psicológicos para cambiar su vida y salir de la espiral de violencia.

- Algunas mujeres víctimas recurren al **consumo de sustancias adictivas** como forma de tolerar el dolor físico o emocional generado por la violencia constante (drogas, alcohol, psicofármacos), se utilizan para reducir la ansiedad y bloquear el malestar físico y emocional derivado de la situación de estrés crónico que provoca el maltrato.

ACTIVIDAD 2.1

Entre las consecuencias físicas más relevantes en mujeres víctimas de violencia física y sexual, destacamos: las lesiones físicas, las consecuencias en la sexualidad de las mujeres, en la salud reproductiva de las mujeres y las consecuencias fatales.

Realiza una tabla en la que se recojan estas consecuencias de forma más detallada, incluyendo las quejas somáticas más frecuentes.

También se han identificado en las mujeres maltratadas **los siguientes síndromes:**

Síndrome de la mujer maltratada

Se define como una adaptación a la situación caracterizada por el incremento de la habilidad de la persona para afrontar los estímulos adversos y minimizar el dolor, además de presentar distorsiones cognitivas, como la minimización, negación o disociación; por el cambio en la forma de verse a sí mismas, a los demás y al mundo.

Ante esta situación aparecen en la mujer dos complejos:

- **Complejo primario:** predominan síntomas traumáticos como ansiedad, hipervigilancia, reexperimentación del trauma…; esta ansiedad puede llegar a desembocar incluso en agorafobia y miedo a salir de casa, y en ataques de pánico; la autoestima de la mujer sufre un gran deterioro y puede aparecer indefensión aprendida.

- **Complejo secundario:** la mujer puede autoengañarse idealizando al agresor y creyendo que este dejará de agredirla; la mujer minimiza el peligro real.

El Síndrome de la Mujer Maltratada (SIMUM) se define como: «Alteraciones psíquicas y físicas y sus consecuencias por la situación de maltrato permanente: incluye síntomas del trastorno de estrés postraumático, estado de ánimo depresivo, rabia, autoculpa, baja autoestima, ansiedad generalizada, dificultad para establecer relaciones, quejas somáticas, disfunciones sexuales, conductas adictivas, distorsiones de la memoria, síndrome de Estocolmo doméstico».

(Lorente, 2000)

Síndrome de Estocolmo doméstico

Es un conjunto de reacciones psicológicas observadas en personas sometidas a cautiverio mediante las cuales las víctimas acaban manifestando una paradójica adhesión a los secuestradores, estableciéndose y desarrollándose lazos afectivos y de simpatía. De hecho, adquiere su nombre porque tras un atraco a un banco de Estocolmo, una cajera se enamoró de uno de los atracadores.

En muchos aspectos, es posible establecer un paralelismo entre las personas sometidas a secuestro y las mujeres que sufren violencia, de manera que estas **desarrollan el síndrome de Estocolmo** para proteger su propia integridad psicológica y recuperar su equilibrio. El síndrome abarca cuatro fases:

1. **Fase desencadenante:** las primeras agresiones físicas rompen el espacio de seguridad de la pareja creado sobre la base de una relación afectiva (espacio donde la mujer había depositado su confianza y expectativas). Esta ruptura desencadena en ella un patrón general de desorientación, pérdida de referentes, reacciones de estrés con tendencia crónica y depresión.

2. **Fase de reorientación:** la mujer busca nuevos referentes de futuro y trata de efectuar una reordenación de esquemas cognitivos para evitar la disonancia entre la elección de pareja y la realidad traumática que está viviendo. Se autoinculpa de la situación y entra en un estado de indefensión y resistencia pasiva.

3. **Fase de afrontamiento:** la mujer busca vías de protección de su integridad psicológica, tratando de manejar la situación traumática, asumiendo el modelo mental de su pareja.

4. **Fase de adaptación:** proyecta parte de la culpa al exterior o hacia otros, como si la conducta agresiva hacía ella fuera el producto de una sociedad injusta (un jefe dictador, paro, enfermedad o minusvalía física, alcohol…). De forma paradójica, la mujer defiende a su agresor y el síndrome se consolida a través de un proceso de identificación con el modelo mental explicativo de la pareja.

Síndrome de indefensión aprendida

Cuando una persona se enfrenta a un acontecimiento que es independiente de sus respuestas, aprende que es incontrolable.

En este síndrome, propuesto por Seligman, la mujer que está siendo maltratada, acaba por asumir que no puede hacer nada por salir de esa situación, que está completamente indefensa porque, haga lo que haga, el maltrato es imprevisible y continuará, por lo que se convierte en triste protagonista observadora de lo que está ocurriendo. Esta indefensión actúa como **un disuasivo** para la imaginación y la creatividad de la víctima.

Victimización o revictimización

Hay distintos **tipos o procesos de victimización:**

En primer lugar nos encontramos con la **victimización primaria.** Esta sería el momento en el que se produce el delito. Tras ocurrir, darán comienzo los daños que pueda sufrir la víctima y que no solo serán físicos, sino también psicológicos. Además existe una gran posibilidad de que la persona se culpe por lo acaecido, intentando buscar una explicación a lo sucedido.

La **victimización secundaria,** la que proviene de las instituciones que deberían defenderlas, podríamos decir que es una forma de violencia institucional que hace referencia a la mala o inadecuada atención que recibe la víctima una vez entra en contacto con el sistema.

Por último, podemos hablar de la **victimización terciaria,** cuyas consecuencias y efectos son provocados por el contexto social que nos rodea y derivadas del trato dado.

Vamos a hacer hincapié en la **revictimización o segunda victimización,** es el proceso que padecen, en muchos casos, las mujeres víctimas de violencia de género, y que consiste en el sufrimiento añadido que causan las instituciones y las personas profesionales que investigan el delito o instruyen las diligencias.

El protocolo de actuación victimiza de nuevo a la mujer al obligarla a contar su historia una vez tras otra, con el agravante de que este nuevo daño psíquico se genera por la intervención de instituciones y profesionales de las que la víctima espera ayuda y apoyo. Por tanto, **la mujer es víctima de un delito y de la negligencia del sistema.**

Las mujeres víctimas de malos tratos padecen un alto daño psíquico que las hacen ser más vulnerables a sufrir nuevos perjuicios, con el consiguiente riesgo de recaída en el daño moral padecido, especialmente si deben revivir el episodio de violencia varias veces en una relación de asistencia, ya sea médica, policial, jurídica o social, esta situación genera lo que se denomina **segunda victimización.**

Las soluciones deben pasar por la coordinación de los diferentes profesionales e instituciones, con el objetivo de **reducir al mínimo las molestias** a las mujeres prestándoles una atención lo más adecuada, agradable y eficaz posible, de acuerdo con las características específicas de cada víctima y sin generar más daños psíquicos a las mujeres.

2.3. APLICACIÓN DE PROTOCOLOS DE ACTUACIÓN

La **Estrategia nacional para la erradicación de la violencia contra la mujer** (2013-2016) establece, como segundo objetivo general, la mejora de la respuesta institucional proporcionada por las distintas Administraciones y organismos públicos y privados en sus respectivos ámbitos de actuación, realizando planes personalizados y avanzando hacia las ventanillas únicas.

Se proponen **tres actuaciones** para obtener estos resultados:

- **Elaborar planes de actuación individualizados** tanto para las mujeres como para sus hijos e hijas, previendo las intervenciones desde todos los ámbitos profesionales necesarios para alcanzar su recuperación integral. Este plan debe incluir una valoración de las necesidades, objetivos y recursos necesarios, las derivaciones y los seguimientos periódicos que hay que realizar, a la vez que se establecen sistemas de información compartidos para la atención personalizada de las situaciones de violencia de género.

- **Identificar todos los procedimientos administrativos,** así como la Administración competente para su tramitación y resolución, en los que puedan estar interesadas las mujeres y sus hijos e hijas en su condición de víctimas de violencia de género.

- **Promover** que los **procedimientos autonómicos** puedan iniciarse desde los recursos de atención a las víctimas.

Se pretende dar **una respuesta individualizada** adaptada a las características propias de cada mujer, para evitar la revictimización y el peregrinaje de un recurso a otro, así como maximizar la utilidad de los servicios.

Este objetivo general se desdobla en **dos objetivos específicos:**

- Posibilitar el **perfeccionamiento de la respuesta de la Administración de Justicia y de las Fuerzas y Cuerpos de Seguridad** en el ejercicio de sus funciones, dando la máxima calidad en la atención judicial y en los mecanismos de seguridad y protección.

- **Avanzar en la respuesta asistencial** dirigida a las mujeres supervivientes a la violencia, reforzando la actuación en red de los distintos recursos públicos, y la atención personalizada y desde un mismo lugar.

El Ministerio de Igualdad crea la Delegación de Gobierno para la Violencia de Género, organismo encargado de elaborar una serie de protocolos de actuación para cada uno de los organismos implicados:

- Ámbito educativo.
- Ámbito sanitario.

- Ámbito publicidad y medios de comunicación.
- Ámbito social integral.
- Ámbito laboral.
- Ámbito seguridad.
- Ámbito penitenciario.
- Ámbito judicial.
- Protocolos autonómicos.
- Intervención integral en el ámbito local.

Puedes ampliar más información en:

https://violenciagenero.igualdad.gob.es/
profesionalesinvestigacion/

2.4. ESTABLECIMIENTO DE PAUTAS DE ACTUACIÓN A LA HORA DE INFORMAR Y ASESORAR MANEJANDO LOS PROTOCOLOS O ITINERARIOS DE ACTUACIÓN EXISTENTES ANTE UN CASO DE AGRESIÓN EN COORDINACIÓN CON EL EQUIPO DE INTERVENCIÓN

El establecimiento de pautas coordinadas de actuación se basa en la necesidad de abordar de manera ordenada y eficaz la prevención y la erradicación de la violencia que se ejerce sobre las mujeres, mediante la intervención y colaboración de todos los agentes sociales, a través de una actuación coordinada, integral y con perspectiva de género.

Su objetivo es establecer pautas comunes de actuación por parte de todas las personas profesionales, permitiendo la optimización y coordinación de recursos y servicios, de modo que el problema integral de una víctima no se aborde de manera fragmentada, diversificando la intervención profesional.

2.4.1. Derecho a la asistencia social integral

La **Ley Orgánica 1/2004, de 28 de diciembre, de Medidas de Protección Integral contra la Violencia de Género,** en su artículo 19, norma los derechos a la asistencia social integral de las mujeres víctimas de violencia de género:

«1. Tienen derecho a servicios sociales de atención, de emergencia, de apoyo y acogida y de recuperación integral. Recae sobre las comunidades autónomas y las corporaciones locales, que estos servicios respondan a los principios de atención permanente, actuación urgente, especialización de prestaciones y multidisciplinariedad profesional.

2. La atención multidisciplinar implica especialmente:

   a) Información a las víctimas.

   b) Atención psicológica.

   c) Apoyo social.

   d) Seguimiento de las reclamaciones de los derechos de la mujer.

   e) Apoyo educativo a la unidad familiar.

   f) Formación preventiva en los valores de igualdad dirigida a su desarrollo personal y a la adquisición de habilidades en la resolución no violenta de conflictos.

   g) Apoyo a la formación e inserción laboral.

3. Los servicios adoptarán fórmulas organizativas que, por la especialización de su personal, por sus características de convergencia e integración de acciones, garanticen la efectividad de los indicados principios.

4. Estos servicios actuarán coordinadamente y en colaboración con los Cuerpos de Seguridad, los jueces de Violencia sobre la Mujer, los servicios sanitarios y las instituciones encargadas de prestar asistencia jurídica a las víctimas, del ámbito geográfico correspondiente.

   Estos servicios podrán solicitar al juez las medidas urgentes que consideren necesarias.

5. También tendrán derecho a la asistencia social integral a través de estos servicios sociales los menores que se encuentren bajo la patria potestad o guarda y custodia de la persona agredida. A estos efectos, los servicios sociales deberán contar con personal específicamente formado para atender a los menores, con el fin de prevenir y evitar de forma eficaz las situaciones que puedan comportar daños psíquicos y físicos a los menores que viven en entornos familiares donde existe violencia de género.

6. En los instrumentos y procedimientos de cooperación entre la Administración General del Estado y la Administración de las comunidades autónomas

en las materias reguladas en este artículo, se incluirán compromisos de aportación, por parte de la Administración General del Estado, de recursos financieros referidos específicamente a la prestación de los servicios.

7. Los organismos de igualdad orientarán y valorarán los programas y acciones que se lleven a cabo y emitirán recomendaciones para su mejora».

2.4.2. Derecho a la asistencia jurídica gratuita

La **Ley Orgánica 1/2004, de 28 de diciembre, de Medidas de Protección Integral contra la Violencia de Género,** en su artículo 20, norma los derechos a la asistencia jurídica gratuita de las mujeres víctimas de violencia de género.

«1. Las mujeres víctimas de violencia de género que acrediten insuficiencia de recursos para litigar, en los términos establecidos en la Ley 1/1996, de 10 de enero, de Asistencia Jurídica Gratuita, tienen derecho a la defensa y representación gratuitas por abogado y procurador en todos los procesos y procedimientos administrativos que tengan causa directa o indirecta en la violencia padecida.

En estos supuestos una misma dirección letrada asumirá la defensa de la víctima. Este derecho asistirá también a los causahabientes en caso de fallecimiento de la víctima.

En todo caso, se garantizará la defensa jurídica, gratuita y especializada de forma inmediata a todas las víctimas de violencia de género que lo soliciten, sin perjuicio de que si no se les reconoce con posterioridad el derecho a la asistencia jurídica gratuita, estas deberán abonar al abogado los honorarios devengados por su intervención.

2. En todo caso, cuando se trate de garantizar la defensa y asistencia jurídica a las víctimas de violencia de género, se procederá de conformidad con lo dispuesto en la Ley 1/1996, de 10 de enero, de Asistencia Jurídica Gratuita.

3. Los Colegios de Abogados, cuando exijan para el ejercicio del turno de oficio cursos de especialización, asegurarán una formación específica que coadyuve al ejercicio profesional de una defensa eficaz en materia de violencia de género.

4. Igualmente, los Colegios de Abogados adoptarán las medidas necesarias para la designación urgente de letrado de oficio en los procedimientos que se sigan por violencia de género».

La Delegación del Gobierno para la Violencia de Género informa que de acuerdo a lo establecido en el Real Decreto-Ley 3/2013, de 22 de febrero, por el que se modifica el régimen de las tasas en el ámbito de la Administración de Justicia y el sistema de asistencia jurídica gratuita, convalidado por el Congreso de los Diputados el 14 de marzo, se procede a la modificación de la Ley 1/1996, de 10 de enero, de Asistencia Jurídica Gratuita, se reconoce el derecho de asistencia jurídica gratuita con independencia de la existencia de recursos para litigar, a las víctimas de violencia de género, de terrorismo y de trata de seres humanos.

Figura 2.4. Se reconoce el derecho de asistencia jurídica gratuita, con independencia de la existencia de recursos para litigar, a las víctimas de violencia de género, de terrorismo y de trata de seres humanos.

2.4.3. Derechos laborales y de Seguridad Social

La **Ley Orgánica 1/2004, de 28 de diciembre, de Medidas de Protección Integral contra la Violencia de Género,** en su artículo 21, Derechos laborales y de Seguridad Social.

1. La trabajadora víctima de violencia de género tendrá derecho, en los términos previstos en el Estatuto de los Trabajadores, a la reducción o a la reordenación de su tiempo de trabajo, a la movilidad geográfica, al cambio de centro de trabajo, a la adaptación de su puesto de trabajo y a los apoyos que precise por razón de su discapacidad para su reincorporación, a la suspensión de la relación laboral con reserva de puesto de trabajo y a la extinción del contrato de trabajo.

2. En los términos previstos en la Ley General de la Seguridad Social y en la Ley Orgánica 4/2000, de 11 de enero, sobre derechos y libertades de los extranjeros en España y su integración social, la suspensión y la extinción del contrato de trabajo previstas en el apartado anterior darán lugar a situación legal de desempleo. El tiempo de suspensión se considerará como periodo de cotización efectiva a efectos de prestaciones de Seguridad Social y de desempleo.

3. Las empresas que formalicen contratos de interinidad, para sustituir a trabajadoras víctimas de violencia de género que hayan suspendido su contrato de trabajo o ejercitado su derecho a la movilidad geográfica o al cambio de centro de trabajo, tendrán derecho a una bonificación del 100 por 100 de las cuotas empresariales a la Seguridad Social por contingencias comunes, durante todo el periodo de suspensión de la trabajadora sustituida o durante seis meses en los supuestos de movilidad geográfica o cambio de centro de trabajo. Cuando se produzca la reincorporación, esta se realizará en las mismas condiciones existentes en el momento de la suspensión del contrato de trabajo, garantizándose los ajustes razonables que se puedan precisar por razón de discapacidad.

4. Las ausencias o faltas de puntualidad al trabajo motivadas por la situación física o psicológica derivada de la violencia de género se considerarán justificadas y serán remuneradas, cuando así lo determinen los servicios sociales de atención o servicios de salud, según proceda, sin perjuicio de que dichas ausencias sean comunicadas por la trabajadora a la empresa a la mayor brevedad.

5. A las trabajadoras por cuenta propia víctimas de violencia de género que cesen en su actividad para hacer efectiva su protección o su derecho a la asistencia social integral, se les considerará en situación de cese temporal de la actividad en los términos previstos en el texto refundido de la Ley General de la Seguridad Social, aprobado por el Real Decreto Legislativo 8/2015, de 30 de octubre, y se les suspenderá la obligación de cotización durante un periodo de seis meses, que les serán considerados como de cotización efectiva a efectos de las prestaciones de Seguridad Social. Asimismo, su situación será considerada como asimilada al alta.

A los efectos de lo previsto en el párrafo anterior, se tomará una base de cotización equivalente al promedio de las bases cotizadas durante los seis meses previos a la suspensión de la obligación de cotizar.

Modificado con efectos desde el 7 de octubre de 2022, por la disposición final 9.6 de la Ley Orgánica 10/2022, de 6 de septiembre.

2.4.4. Derechos económicos

La **Ley Orgánica 1/2004, de 28 de diciembre, de Medidas de Protección Integral contra la Violencia de Género,** en el capítulo IV, norma los derechos económicos de las mujeres víctimas de violencia de género.

Artículo 27. Ayudas sociales.

«1. Cuando las víctimas de violencia de género careciesen de rentas superiores, en cómputo mensual, al 75 por 100 del salario mínimo interprofesional, excluida la parte proporcional de dos pagas extraordinarias, recibirán una ayuda de pago único, siempre que se presuma que debido a su edad, falta de preparación general o especializada y circunstancias sociales, la víctima tendrá especiales dificultades para obtener un empleo y por dicha circunstancia no participará en los programas de empleo establecidos para su inserción profesional.

2. El importe de esta ayuda será equivalente al de seis meses de subsidio por desempleo. Cuando la víctima de la violencia ejercida contra la mujer tuviera reconocida oficialmente una minusvalía en grado igual o superior al 33 por 100, el importe sería equivalente a 12 meses de subsidio por desempleo.

3. Estas ayudas, financiadas con cargo a los Presupuestos Generales del Estado, serán concedidas por las Administraciones competentes en materia de servicios sociales. En la tramitación del procedimiento de concesión, deberá incorporarse informe del Servicio Público de Empleo referido a la previsibilidad de que por las circunstancias a las que se refiere el apartado 1 de este artículo, la aplicación del programa de empleo no incida de forma sustancial en la mejora de la empleabilidad de la víctima.

   La concurrencia de las circunstancias de violencia se acreditará de conformidad con lo establecido en el artículo 23 de esta Ley.

4. En el caso de que la víctima tenga responsabilidades familiares, su importe podrá alcanzar el de un periodo equivalente al de 18 meses de subsidio, o de 24 meses si la víctima o alguno de los familiares que conviven con ella tiene reconocida oficialmente una minusvalía en grado igual o superior al 33 por 100, en los términos que establezcan las disposiciones de desarrollo de la presente Ley.

5. Estas ayudas serán compatibles con cualquiera de las previstas en la Ley 35/1995, de 11 de diciembre, de Ayudas y Asistencia a las Víctimas de Delitos Violentos y contra la Libertad Sexual.

Artículo 28. Acceso a la vivienda y residencias públicas para mayores.

Las mujeres víctimas de violencia de género serán consideradas colectivos prioritarios en el acceso a viviendas protegidas y residencias públicas para mayores, en los términos que determine la legislación aplicable».

Puedes consultar la Guía de Derechos para víctimas de violencia de género y violencias sexuales en distintos idiomas para garantizar el acceso a la información, en el siguiente enlace:

https://violenciagenero.igualdad.gob.es/informacion-3/derechos/

2.5. PROCESO DE ACOGIMIENTO Y ACOMPAÑAMIENTO EN LA ATENCIÓN A MUJERES QUE HAN SIDO VÍCTIMAS

Desde el antiguo Ministerio de Sanidad, Servicios Sociales e Igualdad, que ha sido sustituido por el Ministerio de Igualdad, se realizó la propuesta de pautas para la intervención integral e individualizada con mujeres víctimas de violencia de género, sus hijos e hijas y otras personas a su cargo, que aún está vigente y que propone una serie de pautas para la intervención integral con los siguientes fines:

«En relación a las mujeres:

- Garantizar a las mujeres mediante el efectivo trabajo en red que evite revictimizaciones secundarias, un espacio de seguridad y acompañamiento cualitativo, en su caso, a través de la acogida residencial inmediata, dándoles la oportunidad de alejarse del foco de la violencia de género, con objeto de proteger su integridad física y psíquica y hacer efectivos los derechos que la ley les reconoce.

- Ofrecer, a través de la provisión de servicios multidisciplinares e interinstitucionales, un espacio y un tiempo propio para la reflexión, la toma de conciencia y la recuperación emocional de la violencia sufrida, para que puedan marcar una inflexión decisiva y permanente en el ciclo de la violencia, considerando específicamente a aquellas que sin haber presentado denuncia, requieran una especial preparación para ello.

- Acompañar a las mujeres en el proceso de reparación de los diferentes aspectos personales y vivenciales que se han visto malogrados en relación con la violencia vivida facilitando un entorno de confianza y participación efectiva.

- Promover la autonomía, la independencia y la responsabilidad para que cada mujer sea la auténtica «agente del cambio», incidiendo especialmente en la inserción y formación laboral, así como la plena integración en la vida social, como medio adecuado para ello.

- Apoyar a las mujeres en la resiliencia y en la recuperación de sus fortalezas y capacidades para que puedan abandonar su posición de víctimas».

«En relación con los y las menores y otras personas dependientes de la mujer:

- Garantizar a las hijas e hijos y personas dependientes de la mujer acogida, mediante el efectivo trabajo en red que evite revictimizaciones secundarias, un espacio de seguridad y de acompañamiento cualitativo dándoles la oportunidad de alejarse del foco de la violencia, con objeto de proteger su integridad física y psíquica.

- Ofrecer modelos de relación interpersonal y convivencia en igualdad con perspectiva de género y no violentas que prevengan modelos de violencia en el futuro.

- Proporcionar a través de la atención y el abordaje integral de todas sus necesidades (psicológicas, sociales, educativas, jurídicas) un ámbito para crecer y desarrollarse, realizando a la vez las responsabilidades sociales que les corresponde según su edad.

- Garantizar un espacio sin violencia donde aquello que prevalece es el bienestar afectivo y el desarrollo de las potencialidades singulares del menor».

Las pautas que establece como base para los procesos de acogimiento y acompañamiento son:

- «Conocer la realidad de la unidad familiar y toda la información relevante a través del trabajo en red, evitando revictimizaciones, para una adecuada valoración de su situación actual, con el fin de ajustar las pautas de actuación en equipo a las necesidades y demandas manifestadas por la usuaria. Se considerará de manera específica la información relativa a hijos e hijas y personas dependientes de la mujer víctima de violencia de género.

- Informar a la mujer acerca del recurso más adecuado a sus necesidades, así como de sus normas de funcionamiento.

- Preparar y establecer mecanismos de coordinación con los recursos identificados como implicados, recabando de ellos la información y documentación y actuaciones relevantes para la intervención.

- Facilitar a la mujer un documento que explique cuáles son sus derechos, deberes y obligaciones, así como la normativa de funcionamiento del recurso en el que se encuentra.

- Recabar de la usuaria el consentimiento informado para el tratamiento de sus datos de carácter personal conforme a lo previsto en la Ley Orgánica 15/1999, de 13 de diciembre, de Protección de Datos de Carácter Personal.

- Apoyar a la usuaria y a la unidad familiar en la admisión al recurso creando un clima de confianza y empatía propicio para la creación de vínculo con el equipo del recurso, sin crear expectativas y necesidades no realistas.

- Asignar, de acuerdo a las necesidades manifestadas, un profesional de referencia (tanto para la mujer como para sus hijos) para el desarrollo y su seguimiento posterior del Plan de Atención Individualizado.

- Evaluar y recoger desde las distintas áreas de trabajo, las expectativas y necesidades planteadas para posteriormente definir los objetivos, por áreas que deberán contar en el PLAN DE ACTUACIÓN INDIVIDUALIZADA (PAI).

- Establecer una fecha para la elaboración y en su caso las evaluaciones periódicas del PAI».

En 2014 en la Conferencia Sectorial de Igualdad se aprobaron unas pautas comunes para la intervención integral e individualizada con mujeres víctimas de violencia de género y sus hijos e hijas.

La Delegación del Gobierno para la Violencia de Género y las comunidades autónomas, Ceuta y Melilla elaboraron las pautas de intervención que pudieran servir como marco de referencia para profesionales que desempeñan su trabajo en recursos especializados, residenciales o no residenciales para mujeres víctimas.

Su objetivo es contribuir, situando a la mujer como protagonista de su recuperación reconociendo su papel activo y su autonomía, a la recuperación de las víctimas de violencia de género y sus hijos e hijas y a su plena reincorporación a la vida económica familiar y social mediante la aplicación a cada caso concreto de la metodología de intervención que se propone.

Las pautas se estructuran en tres apartados que se refieren a distintas fases en la intervención:

- Admisión al recurso.

- Evaluación e intervención: formulario del Plan de Actuación Individualizado (PAI), considerando las siguientes áreas, y la información que debe recogerse en cada una de ellas, tal como se indica en las pautas:

  — Área socioeducativa.

  — Área de trabajo social.

  — Área jurídica.

  — Área psicológica.

  — Menores y/o personas a su cargo.

- Salida/Alta/Seguimiento.

CASO PRÁCTICO

Rellena un PAI con los siguientes datos de un caso de una mujer víctima de violencia de género.

- Aurora, 31 años, madre de 2 hijos, niña y niño de 2 años mellizos; y de Felipe, de 12 años, con discapacidad intelectual. Reside en Almería capital en casa de su segunda pareja a la que ha denunciado por violencia física después de necesitar asistencia médica en el hospital por rotura de brazo.

- Su familia vive en Granada, y sus redes también. Se marchó a vivir a Almería al quedarse embarazada de sus 2 hijos pequeños ya que su pareja tenía allí trabajo, ella en cambio no tiene trabajo ya que su hijo mayor, que tuvo cuando era muy joven (tenía 19 años), necesita su apoyo al ser dependiente.

- La vivienda en la que residen es de alquiler y está cerca de la familia de su pareja.

- No existen denuncias previas.

- Sus hijos están escolarizados, y el mayor está en un colegio de educación especial.

- Está desbordada.

PROPUESTA DE PAI

(Plan de Atención Individualizada)

INTRODUCCIÓN – ANTECEDENTES

DATOS PERSONALES

DATOS FILIALES

Historia de violencia de género y vía de acceso al recurso

Historia de relación:
1. Tiempo de relación (noviazgo, matrimonio, convivencia)
2. Inicio del maltrato
3. Lugar habitual donde se produce el maltrato (domicilio, vía pública, lugar de trabajo, etc.)
4. Uso/amenaza con armas
5. Valoración tipología de maltrato

Tiempo previsto de estancia: (meses)

Zonas de riesgo para la mujer. **Indicar dispositivos de protección.**

ÁREA SOCIO-EDUCATIVA

A continuación se muestra la información que se considera importante recoger en el área socio-educativa desde los distintos recursos que trabajan con la mujer y sus hijos/as:

- Adaptación al recurso.
- Hábitos de vida.
- Salud.
- Fortalezas de la mujer.
- Debilidades de la mujer que exijan el refuerzo de capacidades personales específicas.
- Organización económica. Mejora de habilidades para organización/gestión economía. Personal. Plan de ahorro, en su caso.
- Formación académica y laboral.
- Relación madre/hijo/a.
- Relaciones Interpersonales.
- Autonomía en la realización de tareas cotidianas, ocio y tiempo libre, medios de transporte, etc.
- Habilidades sociales y de comunicación.
- Redes de apoyo: familiares, sociales. Aislamiento.
- Afrontamiento ante situaciones de conflicto.

OBJETIVOS: COMPROMISOS, ACTUACIONES Y SEGUIMIENTO

> *Los objetivos se plantean a corto plazo ya que sería deseable realizar un seguimiento del PAI en función del periodo de permanencia de la mujer en el recurso.*

OBSERVACIONES

ÁREA DE TRABAJO SOCIAL

A continuación se muestra información que se considera importante recoger en el área de trabajo social desde los distintos recursos que trabajan con la mujer y sus hijos/as:

- **Mujeres extranjeras**
    1. Tiempo de permanencia en España
    2. Situación regular o irregular
    3. Información / gestión permisos de residencia
- **Con respecto al área familiar**
    1. Genograma
    2. Red de apoyo familiar
    3. Red de apoyo social
- **En el área formativa-laboral:**
    1. Nivel de estudios
    2. Profesión
    3. Situación laboral actual
    4. Metodología utilizada hasta el momento para su reinserción laboral
- **En el área de vivienda:**
    1. Vivienda en propiedad / alquiler
    2. Cercanía del domicilio respecto al agresor
    3. Necesidad de alojamiento alternativo. Búsqueda de alojamiento alternativo, traslado a otra comunidad autónoma, etc.
- **Situación económica:**
    1. Sueldo por actividad económica
    2. Prestaciones recibidas
    3. Pensión de alimentos
    4. Pensión compensatoria
    5. Tramitación / gestión de recursos económicos
- **Con respecto a la atención sanitaria:**
    1. Presencia de consumo de tóxicos
    2. Presencia de discapacidad
    3. Problemas médicos más relevantes
    4. Tratamiento farmacológico actual
    5. Ha recibido asistencia médica derivada de un episodio de maltrato (parte de lesiones)
- **Con respecto a la protección / seguridad de la mujer y sus hijos:**
    1. Detección/valoración de situación de riesgo
    2. Tramitación de TAM / ATENPRO
    3. Gestión y planificación de alojamiento de emergencia
    4. Elaboración en su caso, junto con la mujer, del Plan de Seguridad
- **En relación con los menores:**
    1. Expuestos a la violencia de género / Maltrato directo hacia ellos
    2. Patria potestad y custodia de los menores
    3. Visitas a los menores (reguladas o no, si son libres o en punto de encuentro, etc.)

4. Escolarización
- **Coordinación con otros recursos/profesionales implicados en la atención/intervención con la mujer y sus hijos** y fechas de las mismas
- **Derivaciones internas y externas**

OBJETIVOS: COMPROMISOS, ACTUACIONES Y SEGUIMIENTO

Los objetivos se plantean a corto plazo ya que sería deseable realizar un seguimiento del PAI en función del periodo de permanencia de la mujer en el recurso.

OBSERVACIONES

ÁREA JURÍDICA

A continuación se muestra de manera orientativa, información que se considera importante recoger en el área jurídica desde los distintos recursos que trabajan con la mujer y sus hijos/as.

- Área Penal: ¿Se ha celebrado juicio rápido? ¿Tiene OP? ¿Hay incumplimiento de la OP? ¿Se ha denunciado? ¿Cuenta con sentencia firme? ¿Es absolutoria o condenatoria? ¿La usuaria ha sido denunciada? ¿Está condenada? Coordinación con abogado de oficio y seguimiento de esta área hasta fin del proceso judicial si este tiene lugar durante su permanencia en el recurso.

- Área Civil: ¿Ha interpuesto demanda de separación y/o divorcio? ¿Tienen un convenio regulador? ¿Se cumplen visitas y pago de pensión de alimentos? ¿Cuenta la usuaria con abogado de oficio para esta área, se lo gestiona el abogado del área penal? Coordinación con abogado de oficio y seguimiento de esta área hasta fin del proceso judicial si este tiene lugar durante su estancia en el recurso.

- Situación en territorio español: ¿Se encuentran la usuaria y sus hijos e hijas en una situación regular en nuestro país? ¿Hay que realizar trámites al respecto? Realizar coordinaciones con consulados y Delegación de Gobierno.

- Valorar riesgo y solicitar acompañamiento policial para los juicios señalados dentro de los procesos judiciales pendientes.

- Otros: asesoramiento de otras cuestiones como deudas pendientes (Hacienda, Seguridad Social, compañías telefónicas...).

- Orientar sobre los trámites para solicitar asistencia jurídica gratuita en caso de ser necesaria.

OBJETIVOS: COMPROMISOS, ACTUACIONES Y SEGUIMIENTO

Los objetivos se plantean a corto plazo ya que sería deseable realizar un seguimiento del PAI en función del periodo de permanencia de la mujer en el recurso.

ÁREA PSICOLÓGICA

MUJER

A continuación se muestra información que se considera importante recoger en el área psicológica desde los distintos recursos que trabajan con la mujer y sus hijos/as y personas a su cargo:

- **Antecedentes o Anamnesis:**
    1. Antecedentes vitales significativos
    2. Historia relación de pareja
    3. Tipología de maltrato sufrido y características del mismo
- **Evaluación:** si se han utilizado instrumentos para la evaluación y sintomatología que presenta.
    1. Aplicación de pruebas psicométricas y valoración de riesgo de suicidio
    2. Sintomatología actual
    3. Historia médico-psiquiátrica-psicológica
        3.1 Tratamiento psicofarmacológico actual
        3.2 Tratamiento psicológicos anteriores - actuales
        3.3 Consumo de tóxicos
    4. Relación materno-filial
- Coordinaciones con otros recursos y fechas de las mismas con los recursos oportunos
- Objetivos planteados que trabajar desde el recurso y desde el recurso que atiende a la mujer.

MENORES Y/O PERSONAS A SU CARGO

- Antecedentes: si han sido atendidos a nivel psicológico o si está siendo atendida. Si ha sido atendida en salud mental...
- Sintomatología que presenta
- Evaluación: si se han utilizado instrumentos para la evaluación y sintomatología que presenta.
    - Pruebas aplicadas
    - Dificultades en la socialización
    - Dificultades en la escuela
    - Dificultades en la relación materno filial
- Coordinaciones con otros recursos y fechas de las mismas con los recursos oportunos
- Objetivos planteados que trabajar desde el recurso y desde el recurso que atiende a la mujer.

OBJETIVOS: COMPROMISOS, ACTUACIONES Y SEGUIMIENTO

Los objetivos se plantean a corto plazo ya que sería deseable realizar un seguimiento del PAI en función del periodo de permanencia de la mujer en el recurso.

ÁREA EDUCATIVA INFANTIL

Se realiza una valoración desde el ámbito educativo infantil de distintas áreas que se consideran importantes de cara a su recuperación.

Valoración de los/as menores:

Valoración de la relación materno/paterno filial:

Actividades desarrolladas para cumplir con los objetivos:

Coordinaciones internas y/o externas: Escolarización (colegio y guardería)

Coordinación con los recursos específicos de menores en caso de riesgo o desprotección

OBJETIVOS: COMPROMISOS, ACTUACIONES Y SEGUIMIENTO

Los objetivos se plantean a corto plazo ya que sería deseable realizar un seguimiento del PAI en función del periodo de permanencia de la mujer en el recurso.

OBSERVACIONES

VALORACIÓN Y CONCLUSIONES

ES IMPORTANTE EVITAR CONCLUSIONES PRECIPITADAS EN LA DEFINICIÓN DE LOS OBJETIVOS. AJUSTAR EXPECTATIVAS DE LA USUARIA CON LOS OBJETIVOS.

Fdo.

La Dirección del Recurso.

Fdo.

Equipo Técnico.

Fdo. _____

Residente/Usuaria

2.5.1. Detección de factores que inciden en la vulnerabilidad de las mujeres (características psicosociales múltiples: edad, etnia, discapacidad, lugar de residencia, etcétera)

Según la OMS, los factores de riesgo son de carácter individual, familiar, comunitario y social, entre los factores de padecer violencia de pareja y violencia sexual, se encuentran los siguientes:

- Un bajo nivel de instrucción (autores de violencia sexual y víctimas de violencia sexual).

- La exposición al maltrato infantil (autores y víctimas).

- La experiencia de violencia familiar (autores y víctimas).

- El trastorno de personalidad antisocial (autores).

- El uso nocivo del alcohol (autores y víctimas).

- El hecho de tener muchas parejas o de inspirar sospechas de infidelidad en la pareja (autores).

- Las actitudes de aceptación de la violencia (autores y víctimas).

Entre los **factores asociados específicamente a la violencia de pareja** cabe citar:

- Los antecedentes de violencia (autores y víctimas).

- La discordia e insatisfacción marital (autores y víctimas).

- Las dificultades de comunicación entre los miembros de la pareja.

Y entre los **factores asociados específicamente a la violencia sexual** destacan:

- La creencia en el honor de la familia y la pureza sexual.

- Las ideologías que consagran los privilegios sexuales del hombre.

- La levedad de las sanciones legales contra los actos de violencia sexual.

La Ley Orgánica 1/2004, de 28 de diciembre, de Medidas de Protección Integral contra la Violencia de Género Integral mandata la elaboración de un **Plan Nacional de Sensibilización y Prevención de la Violencia de Género** que introduzca en el escenario social las nuevas escalas de valores basadas en el respeto de los derechos y libertades fundamentales y de igualdad entre hombres y mujeres, así como en el ejercicio de la tolerancia y de la libertad dentro de los principios democráticos de convivencia, todo ello desde la perspectiva de género.

El primero de estos planes se desarrolla por el antiguo Ministerio de Trabajo y Asuntos Sociales. En dicho Plan se establecen los colectivos de mujeres especialmente vulnerables a la violencia las mujeres con discapacidad, mujeres del mundo rural, mujeres inmigrantes, mujeres mayores, mujeres pertenecientes a etnias minoritarias y, así lo recoge.

En años posteriores ha sido la Delegación de Gobierno contra la Violencia de Género el organismo encargado de evaluar los planes anteriores y coordinar la realización de los Planes posteriores.

En el **Plan de Acción para Mujeres con Discapacidad** se recoge que: «Las mujeres con discapacidad son víctimas de la violencia de género ejercida contra las mujeres, pero, además, sufren un tipo de violencia específica, siendo el grado de incidencia superior (de dos a cinco veces más que las mujeres en general), según estudios realizados en diversos países. Esta violencia es ejercida, no solo por parte de quienes mantienen o han mantenido relaciones afectivas con ellas, sino también por las personas de su entorno familiar, social, sanitario, asistencial, etc. Es decir, allí donde existe una relación de desequilibrio de poder y dependencia, se favorece la existencia de la violencia y el abuso. De este modo, este abuso y violencia es evidente en la vida cotidiana de muchas mujeres con discapacidad: la suplantación de su voluntad, la ridiculización, la esterilización y el aborto sin su consentimiento, la negligencia en su atención, etc., son hechos que se repiten, aunque estas situaciones difícilmente se denuncian, lo que contribuye a mantener la invisibilidad de una situación a todas luces injusta».

La **Guía para Sensibilizar y Prevenir desde las Entidades Locales la Violencia contra las Mujeres de la Federación Española de Municipios y Provincias,** Área de Igualdad (2007) visibiliza el hecho de que las mujeres del mundo rural viven en contextos donde suelen pervivir estereotipos de género acentuados y un mayor control social y no suelen disponer ni de la cantidad ni de acceso a los recursos disponibles con lo que, las mujeres víctimas de malos tratos, no encuentran otra solución personal que abandonar su lugar de residencia.

Las mujeres inmigrantes son más vulnerables en la medida en que sus redes de apoyo suelen ser insuficientes, sufren un control social de sus propios contextos que actúa en contra de la visualización del fenómeno y, si además, están en situación de «irregularidad administrativa» les resulta mucho más complicado poder acceder a los recursos especializados sobre violencia contra las mujeres (ayudas económicas, casas de acogida o pisos tutelados) y temen informar sobre su situación por miedo a ser denunciadas y expulsadas del país.

Las mujeres gitanas también sufren el control social como obstáculo para la defensa de sus derechos ante la violencia y se añade su desconfianza en las instituciones de una sociedad en la que los prejuicios raciales están muy extendidos.

2.5.2. Escucha activa y manejo de conflictos

La comunicación permite establecer contacto entre dos individuos con el objetivo de transmitir una información. En el proceso de la comunicación intervienen diferentes elementos que facilitan o dificultan el mismo, podemos afirmar que se produce una comunicación eficaz entre dos personas cuando el receptor interpreta el mensaje en el sentido que pretende el emisor.

Entre las estrategias o técnicas para obtener una comunicación más eficaz, podemos resaltar la escucha activa, que podríamos definir como la habilidad de escuchar lo que la persona está expresando directamente y los sentimientos, ideas o pensamientos que subyacen a lo que se está diciendo. No es lo mismo oír que escuchar. La **escucha activa es una cuestión de actitud**.

> Una de las habilidades comunicativas más difíciles de dominar es saber escuchar.

Existe la creencia de que se escucha de forma automática, pero es erróneo pensar así, ya que escuchar requiere un esfuerzo superior al que se realiza al hablar, siendo el verdadero origen de la falta de comunicación actual, la incapacidad para saber escuchar a los demás.

Entonces, **¿qué es realmente la escucha activa?** La escucha activa significa escuchar y entender la comunicación desde el punto de vista del que habla.

Diferencia entre el oír y el escuchar

- El oír es simplemente percibir vibraciones de sonido.

- Escuchar es entender, comprender o dar sentido a lo que se oye. La escucha efectiva tiene que ser necesariamente activa por encima de lo pasivo.

La escucha activa se refiere a la habilidad de escuchar no solo lo que la persona está expresando directamente, sino también los sentimientos, ideas o pensamientos que subyacen a lo que se está diciendo. Para llegar a entender a alguien se precisa asimismo cierta empatía, es decir, saber ponerse en el lugar de la otra persona.

Elementos que facilitan la escucha activa

- **Disposición psicológica:** prepararse interiormente para escuchar. Observar a la persona: identificar el contenido de lo que dice, los objetivos y los sentimientos.

© Ediciones Paraninfo

- Expresar a la otra persona que la escuchas con comunicación verbal y no verbal.

Elementos que hay que evitar en la escucha activa

- **No distraernos,** la atención se inicia en un punto muy alto, pero a medida que el mensaje continúa, disminuye aunque vuelve a ascender hacia el final del mensaje, tenemos que hacer un esfuerzo especial para combatir esta tendencia.

- **No interrumpir** al que habla.

- **No juzgar.**

- **No ofrecer ayuda** o soluciones prematuras.

- **No rechazar** lo que la persona esté sintiendo.

- **No contar «tu historia»** cuando el otro necesita hablarte.

- **No contraargumentar.** Por ejemplo: el otro dice «me siento mal» y tú respondes «y yo también».

- **Evitar el «síndrome del experto»:** ya tienes las respuestas al problema de la otra persona, antes incluso de que te haya contado la mitad.

Habilidades para la escucha activa

- **Mostrar empatía.** Escuchar activamente las emociones de los demás es tratar de ponernos en su sitio para entender sus motivos. Es escuchar sus sentimientos, intentando entender lo que siente esa persona, pero haciéndole partícipe de que entendemos su situación. Simplemente, debemos ser capaces de ponernos en su lugar.

- **Parafrasear.** Significa decir con las propias palabras lo que parece que el emisor acaba de decir. Es muy importante en el proceso de escucha, ya que ayuda a comprender lo que el otro está diciendo y permite verificar si realmente se está entendiendo y no malinterpretando lo que se dice.

- **Emitir palabras de refuerzo o cumplidos.** Pueden definirse como verbalizaciones que suponen un halago para la otra persona o refuerzan su discurso al transmitir que uno aprueba, está de acuerdo o comprende lo que se acaba de decir.

- **Resumir.** Mediante esta habilidad informamos a la otra persona de nuestro grado de comprensión o de la necesidad de mayor aclaración. Expresiones de resumen serían:

Los **dos principios básicos** que deben predominar ante cualquier actuación entre profesionales que trabajan en el ámbito de la **violencia de género** son la implicación del o de la profesional con este tipo de casos y la puesta en práctica de la escucha activa y empática.

1. **Implicación de la persona profesional.** A veces se encuentran con una **excesiva implicación** lo que conlleva la personalización del caso, como si le estuviera ocurriendo al profesional, lo que supone un excesivo desgaste profesional, un aumento de las frustraciones o de sentimientos contradictorios lo que supone que las intervenciones posteriores pueden verse condicionadas y amenazada la efectividad de las futuras actuaciones. O bien, todo lo contrario, ya que **una escasa implicación** pasa a ser percibida por las mujeres usuarias como apatía, desinterés o incluso incredulidad por parte de quienes las atienden provocando en la mujer víctima de violencia de género, una inseguridad hacia el servicio.

Para proporcionar una efectiva intervención se requiere:

- Una implicación del profesional o la profesional.
- En el ámbito de formación especializada en materia de violencia de género.
- En el ámbito de autorreflexión y cambio, de las propias creencias y de las actitudes que justifiquen, minimicen, normalicen o toleren la violencia de pareja/familiar.

---

2. **Escucha activa y empática.** Para las personas profesionales que atienden a mujeres que sufren o han sufrido violencia de género, la puesta en práctica de la escucha activa y empática es imprescindible, ya que no solo necesitan diferentes tipos de atención, actuación o recursos para poder ser ayudadas, sino que necesitan ser escuchadas y atendidas desde el respeto hacia ellas como personas y a su proceso. Solo desde un punto de partida de escucha activa y de empatía del o de la profesional, se podrá llegar a desarrollar una actuación efectiva con las mujeres víctimas de violencia de género demandantes de recursos y/o atención especializada.

ACTIVIDAD 2.2

Realiza el decálogo de la escucha activa con las características principales que debe tener la intervención con mujeres víctimas de violencia de género.

Para poder realizar procesos de intervención con mujeres víctimas de violencia machista es necesario que desarrollemos nuestra **habilidad en el manejo de conflictos.**

En cualquier relación humana existen los conflictos, en sí mismos no son ni buenos, ni malos, simplemente son algo natural, son parte inseparable de las relaciones humanas. Lo realmente importante no son los conflictos en sí mismos, sino es la manera en la cual los encaramos, es decir, lo que hacemos para resolverlo.

No existe una **definición** concreta, clara y única de conflicto, por lo que vamos a señalar algunas de ellas:

- Siguiendo a Casado y Prat (2007), un conflicto es una interacción entre dos o más personas, en la cual cada una de ellas percibe a la otra como una amenaza para conseguir sus objetivos o satisfacer sus necesidades. Es decir, se produce una incompatibilidad entre los fines de cada uno y el mantenimiento de una relación afectiva satisfactoria.

- «Lucha sobre valores y aspiraciones a gozar de una posición, poder y recursos, en la que los objetivos de los oponentes consisten en neutralizar, herir o eliminar a sus rivales». (L. A. Coser, «The function of social conflict», *The Free Press*, Nueva York, 1956).

- «Proceso que se origina cuando una persona percibe que otra ha frustrado o está a punto de frustrar algunos de sus objetivos o intereses». (K. W. Thomas, «Conflict and conflict management», *Handbook of Industrial and organizational psychology*, Chicago, Rand McNally, 1976).

Para poder hablar de conflicto, se deben dar las siguientes **circunstancias:**

- Una interacción de por lo menos dos personas o grupos.

- Que se perciba una incompatibilidad entre los objetivos, intereses o valores propios y los de la otra parte.

- Que se perciba la situación como injusta o incompatible por lo menos por una de las partes.

Diferencia entre problema y/o conflicto:

- Problema: tenemos una percepción que nos alerta de que un acontecimiento que atenta contra nuestro bienestar; es decir, es una situación que no nos agrada porque perjudica nuestros objetivos, valores o necesidades.
- Conflicto: relación disfuncional que se ha ido estructurando poco a poco.

Aprender a definir un problema es fundamental para prevenir y afrontar conflictos, ya que un problema mal definido o mal resuelto puede ser el origen de un conflicto.

Debemos tener en cuenta el componente subjetivo del problema, es decir, cómo lo interpretamos, ya que esto nos condiciona. Es imprescindible buscar criterios objetivos para intentar que la subjetividad no interfiera en la solución del conflicto.

Kaoru Ishikawa nos propone un método de **tres fases** que puede servir de instrumento para analizar los problemas y descubrir la multicausalidad que los origina:

- Identificación de las áreas de causas potenciales.

- Análisis de las áreas.

- Análisis del proceso global a partir de las subcausas identificadas.

Se representa gráficamente como una **«espina de pescado»**:

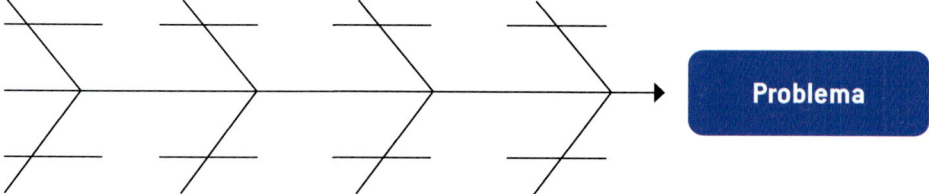

Etapas del proceso de un conflicto:

- **Frustración:** cuando una de las partes implicadas genera un sentimiento de frustración porque la otra parte impide que pueda conseguir sus metas dentro de la organización, comienza el conflicto. También se puede dar el caso de que ambas partes generen el mismo sentimiento de frustración.

- **Interpretación de la situación:** la parte afectada realiza un «mapa mental» de la situación que está viviendo, evidentemente subjetivo y nada positivo, donde solo aparecen sentimientos negativos que contribuyen a crear una explicación totalmente negativa de la causa que ha generado dicho problema o conflicto.

- **Acción:** que realiza la parte frustrada respecto de cómo ha interpretado la situación.

- **Reacción de la otra parte:** esta respuesta también viene cargada de subjetividad.

- **Resultado:** puede desembocar en una solución favorable al conflicto o generar más discordia entre ambas partes. En este caso se puede enlazar un nuevo proceso de conflicto partiendo de la frustración que va a generar esta nueva situación en las partes implicadas.

A continuación, se presentan los **pasos** que se deben seguir para afrontar un conflicto, pero la mejor manera de resolverlos no es otra que afrontarlos.

- **Definir el conflicto** de forma clara y objetiva.

- **Reconocimiento de los implicados:** hacer un mapa con los distintos actores implicados, el lugar que ocupan y qué poder de influencia y aceptación tienen.

- **Comprender el porqué del conflicto:** intercambiar los distintos puntos de vista para acercarnos a cómo lo interpreta cada una de las partes. Esto nos permitirá integrar las explicaciones de cada parte acerca de las causas del conflicto.

- **Estrategias de solución:** analizar el conflicto y ver cómo se puede superar, negociando, mediando, reorganizando…

2.5.3. Asistencia jurídica gratuita y derivación a servicios específicos

La asistencia jurídica gratuita es un trámite por medio del cual se reconoce, a quienes acrediten carecer de recursos económicos suficientes, una serie de prestaciones consistentes principalmente en la exención del pago de honorarios de abogado y procurador, de los gastos derivados de peritaciones, fianzas, tasas judiciales, etcétera.

El derecho a la asistencia jurídica gratuita comprende, en líneas generales, las siguientes prestaciones:

- Asesoramiento y orientación gratuitos con carácter previo al inicio del proceso.

- Asistencia de abogado al detenido o preso.

- Defensa y representación gratuitas por abogado y procurador en el procedimiento judicial.

- Inserción gratuita de anuncios o edictos, en el curso del proceso, que preceptivamente deban publicarse en periódicos oficiales.

- Exención de tasas judiciales, así como del pago de depósitos para la interposición de recursos.

- Asistencia pericial gratuita en los términos establecidos en la ley.

- Obtención gratuita de copias, testimonios, instrumentos y actas notariales.

- Reducción del 80 % de los derechos arancelarios que correspondan por determinadas actuaciones notariales.

- Reducción del 80 % de los derechos arancelarios que correspondan por determinadas actuaciones de los registros de la propiedad y mercantil.

La normativa que rige la asistencia gratuita de las mujeres víctimas de violencia de género son:

- Art. 20 de la Ley Orgánica 1/2004, de 28 de diciembre, de Medidas de Protección Integral contra la Violencia de Género, modificada por Ley 42/2015, de 5 de octubre, de reforma de la Ley 1/2000, de 7 de enero, de Enjuiciamiento Civil:

  «1. Las víctimas de violencia de género tienen derecho a recibir asesoramiento jurídico gratuito en el momento inmediatamente previo a la interposición de la denuncia, y a la defensa y representación gratuitas por abogado y procurador en todos los procesos y procedimientos administrativos que tengan causa directa o indirecta en la violencia padecida. En estos supuestos, una misma dirección letrada deberá asumir la defensa de la víctima, siempre que con ello se garantice debidamente su derecho de defensa. Este derecho asistirá también a los causahabientes en caso de fallecimiento de la víctima, siempre que no fueran partícipes en los hechos. En todo caso, se garantizará la defensa jurídica, gratuita y especializada de forma inmediata a todas las víctimas de violencia de género que lo soliciten.

  2. En todo caso, cuando se trate de garantizar la defensa y asistencia jurídica a las víctimas de violencia de género, se procederá de conformidad con lo dispuesto en la Ley 1/1996, de 10 de enero, de Asistencia Jurídica Gratuita.

  3. Los Colegios de Abogados, cuando exijan para el ejercicio del turno de oficio cursos de especialización, asegurarán una formación específica que coadyuve al ejercicio profesional de una defensa eficaz en materia de violencia de género.

  4. Igualmente, los Colegios de Abogados adoptarán las medidas necesarias para la designación urgente de letrado de oficio en los procedimientos que se sigan por violencia de género».

- Ley 1/1996, de 10 de enero, de Asistencia Jurídica Gratuita.

- Real Decreto 996/2003, de 25 de julio, por el que se aprueba el Reglamento de Asistencia Jurídica Gratuita.

- El Real Decreto-Ley 3/2013, de 22 de febrero, modifica el régimen de las tasas en el ámbito de la Administración de Justicia y el sistema de asistencia jurídica gratuita, que viene a solucionar las dificultades con las que se encontraban las víctimas de violencia de género y trata tras la entrada en vigor de la Ley de Tasas 10/2012, de 20 de noviembre, que incorporaba la obligatoriedad del pago de determinadas tasas para la interposición de demandas judiciales, y reconoce:

  — Asistencia jurídica gratuita.

  El nuevo Real Decreto-Ley 3/2013 incluye como beneficiarias de la asistencia jurídica gratuita a todas las víctimas de violencia de género y de trata de seres humanos, de manera inmediata, en todos aquellos procesos que tengan vinculación, deriven o sean consecuencia de su condición de víctimas, así como a los menores de edad y las personas con discapacidad psíquica cuando sean víctimas de situaciones de abuso o maltrato.

  — Asistencia jurídica gratuita para las víctimas de violencia de género y trata.

  La condición de víctima se adquiere cuando se formule denuncia o querella, o se inicie un procedimiento penal por delitos relacionados con la violencia de género y la trata de seres humanos y se mantendrá hasta su finalización o sentencia condenatoria, perdiéndose dicha condición en caso de sentencia absolutoria firme o archivo firme del procedimiento penal.

  — Acceso a la asistencia jurídica gratuita, si no se acredita la condición de víctima.

  Se reconoce el derecho a la asistencia jurídica gratuita a las personas que, careciendo de patrimonio suficiente y sin que acrediten la condición de víctima, cuenten con recursos e ingresos económicos brutos en cómputo anual que no superen los siguientes umbrales:

  ✓ Dos veces el IPREM vigente en el momento de efectuar la solicitud cuando se trate de personas no integradas en ninguna unidad familiar.

✓ Dos veces y media el IPREM vigente en el momento de efectuar la solicitud cuando se trate de personas integradas en una unidad familiar con menos de cuatro miembros.

✓ El triple del IPREM cuando se trate de unidades familiares integradas por cuatro o más miembros.

El Indicador Público de Renta de Efectos Múltiples (IPREM) es el índice de referencia en España para la asignación de ayudas y subsidios en función de los ingresos. Se actualiza a principios de cada año en la Ley de Presupuestos.

Con carácter excepcional, puede reconocerse el derecho a las personas cuyos ingresos no excedan del cuádruplo del IPREM, en atención a sus circunstancias familiares, obligaciones económicas y coste del proceso.

La **solicitud para la asistencia legal gratuita** se puede obtener y presentar en:

• Los Servicios de Orientación Jurídica de los Colegios de Abogados.

• Las Oficinas de Atención a las Víctimas del Delito de los Juzgados.

• Descargar de la página web del correspondiente Colegio de Abogados.

Si las víctimas de violencia de género acuden a interponer una denuncia a las dependencias de las Fuerzas y Cuerpos de Seguridad del Estado o a los órganos judiciales, pueden solicitar en las mismas dependencias un profesional de la abogacía que les defienda y ayude a formular la denuncia. Posteriormente la víctima tendrá la obligación de acreditar que cumple con los requisitos exigidos para acceder al beneficio de justicia gratuita con carácter general. Si se deniega el beneficio de justicia gratuita, la víctima deberá abonar los honorarios del profesional que le hayan asignado para su defensa.

La **Dirección General de la Mujer** pone en marcha un **servicio gratuito de orientación jurídica para mujeres,** principalmente víctimas de violencia de género, con el objeto prestar asesoramiento jurídico gratuito a aquellas mujeres residentes en la Comunidad de Madrid que lo necesiten.

Servicio de Orientación Jurídica S.O.J.

Calle de Manuel de Falla, 7.

91 720 62 47

Horario de atención al público: (imprescindible concertar cita previa)

De lunes a jueves de 8:30 a 15:00 h y de 15:30 a 19:30 h,

y los viernes de 9:00 a 14:00 h.

Podrán acceder a los servicios de información y asesoramiento jurídico todas las mujeres residentes en la Comunidad de Madrid, con o sin denuncia u orden de protección y sin necesidad de acreditar su condición de víctima, conservando, por tanto, su anonimato, tal y como establece el artículo 25.2 de la Ley 5/2005, de 20 de diciembre, Integral contra la Violencia de Género de la Comunidad de Madrid.

Este servicio comprende el asesoramiento jurídico por parte de abogada especializada en todos los órdenes jurisdiccionales:

- Civil (en lo que se refiere al derecho de familia).

- Penal.

- Laboral.

Algunas **asociaciones de mujeres disponen de programas de asistencia jurídica gratuita a mujeres víctimas de malos tratos,** dando asistencia a las mujeres independientemente de su nivel de ingresos, si bien cuando las características de la mujer o de la problemática que presenta no puede ser resuelto por el servicio de estas entidades, se produce la orientación o derivación a otra institución o servicio especializado que permita la resolución de su situación.

Ejemplos de derivación:

- A los servicios de la mujer.

- A los servicios de asistencia a la víctima.

- A los servicios de orientación jurídica.

- A servicios de alojamiento alternativo.

- A programas de atención psicológica o tratamientos individualizados.

Para realizar adecuadamente esta **derivación** es necesario:

- Que se conozcan todos los recursos alternativos y especializados a los que acudir, la ubicación, cómo llegar, los requisitos de acceso, horarios, funcionamiento, etcétera.

- Informar a la víctima del proceso de derivación que se va a llevar a cabo, planificando y consensuando con ella todo el proceso.

- Seguir el proceso de acompañamiento a la víctima.

2.5.4. Realización de talleres y grupos de autoayuda para impulsar la autoestima de las mujeres favoreciendo la creación de redes

Podemos **definir los grupos de autoayuda** como un grupo de personas que comparten un problema, en este caso mujeres víctimas de violencia machista, organizados en reuniones mediante las cuales algunas personas participantes sirven de estímulo positivo a las demás.

Brindan un espacio a las mujeres víctimas de violencia machista para reinterpretar la experiencia vivida y poder contribuir a la desmitificación de los argumentos morales y religiosos existentes con respecto a la violencia doméstica.

Persiguen impulsar la creación de redes de mujeres solidarias que puedan aportar una respuesta social y comunitaria ante las situaciones de violencia basada en género detectadas en su comunidad.

Los **objetivos** que se pretenden con los grupos de autoayuda son:

- Generar las condiciones necesarias para propiciar un **clima de confianza y empatía** entre las personas participantes: conociendo sus expectativas personales en torno al grupo de apoyo, construyendo, de forma colectiva, las reglas de convivencia grupal y propiciando un ambiente de unión grupal entre las participantes.

- **Proporcionarles información** en torno a las principales manifestaciones de la violencia doméstica, acerca del proceso social de construcción de la feminidad y masculinidad y de los principales mitos sociales y realidades en torno de la violencia doméstica.

- Que conozcan el **origen de la violencia** y sus manifestaciones a través del ciclo de la violencia.

- Que divisen el impacto emocional que genera una ruptura amorosa y las particularidades que este asume en lo referido a violencia basada en la opresión de género.

- Que analicen la importancia que la **construcción de redes de apoyo, personales y familiares** tiene, como estrategia de sobrevivencia de las mujeres víctimas de violencia basada en la opresión de género.

- Que conozcan las **estrategias de sobrevivencia** frente a los peligros inminentes de la violencia basada en género.

- Que analicen las **dificultades para el manejo y tenencia de los recursos** frente a las implicaciones que, en el ámbito económico, genera la violencia basada en género.

© Ediciones Paraninfo

ACTIVIDADES FINALES

De comprobación

2.1. Los colectivos de mujeres que presentan mayor vulnerabilidad son:

a) Mujeres con discapacidad, mujeres del mundo rural, mujeres con bajos niveles de estudios y mujeres con más de 3 hijos.

b) Mujeres con discapacidad, mujeres del mundo rural, mujeres nacidas en el extranjero y mujeres pertenecientes a etnias minoritarias.

c) Mujeres sin empleo, mujeres nacidas en el extranjero.

2.2. Las principales consecuencias psicológicas más frecuentemente de la violencia de género son:

a) No se presentan consecuencias psicológicas, ya que las únicas agresiones que dejan secuelas son las físicas.

b) Trastorno de estrés postraumático, altos niveles de ansiedad y miedo, depresión, baja autoestima y sentimiento de culpa, trastornos psicosomáticos, algunas mujeres víctimas recurren al consumo de sustancias adictivas como forma de tolerar el dolor físico o emocional generado por la violencia.

c) Ansiedad, depresión y miedo a las relaciones de cualquier tipo.

2.3. Las 4 fases del síndrome de Estocolmo doméstico son:

a) Fase desencadenante, fase de agresión y fase de denuncia.

b) Fase desencadenante, fase de reorientación, fase de afrontamiento, fase de adaptación.

c) No existe el síndrome de Estocolmo doméstico en la violencia de género.

2.4. El síndrome de indefensión aprendida se define como:

a) Cuando una persona se enfrenta a un acontecimiento que es independiente de sus respuestas, aprende que es incontrolable.

b) Es el síndrome que aparece cuando la figura de apego en edades tempranas no existe.

c) Es aquel que tiene un tratamiento farmacológico prescrito por un profesional sanitario.

2.5. La revictimización o segunda victimización es un proceso que padecen, en muchos casos, las mujeres víctimas de violencia de género y que consiste en:

a) La obligación de volver con su agresor hasta que no exista una sentencia firme condenatoria.

b) Consiste en el sufrimiento añadido que causan las instituciones y las personas profesionales que investigan el delito o instruyen las diligencias.

c) El acoso que sufren por parte de su agresor y la familia de este, en algunas ocasiones, después de la denuncia.

2.6. La mujer víctima de violencia de género cuenta con los siguientes derechos:

a) Derecho a cambio de residencia en otra provincia, derechos laborales y económicos.

b) No se reconoce ningún derecho específico.

c) Derecho a asistencia jurídica gratuita, derecho a asistencia social integral, derechos laborales y de Seguridad Social, derechos económicos.

2.7. Según la OMS, los factores de riesgo son de carácter individual, familiar, comunitario y social, entre los factores de padecer violencia de pareja se encuentran los siguientes:

a) Los antecedentes de violencia.

b) Las dificultades de comunicación entre los miembros de la pareja.

c) Todas las respuestas anteriores son correctas.

2.8. En la escucha activa debemos:

a) Explicar que lo que siente también lo sienten más personas y que lo mejor es que hable con otras personas que se sientan igual.

b) No juzgar, no ofrecer ayudas rápidas, no interrumpir al que habla, evitar el síndrome del experto, y no rechazar lo que la persona está sintiendo.

c) Interrumpir para ofrecer soluciones de forma que entienda que estamos para ayudar.

2.9. **Los dos principios básicos que deben predominar ante cualquier actuación entre profesionales que trabajan en el ámbito de la violencia de género son:**

a) La escucha activa, la empatía y el respeto.

b) La implicación del o de la profesional con este tipo de casos y la puesta en práctica de la escucha activa y empática.

c) El conocimiento de recursos y de la legislación actual.

2.10. **Las etapas del proceso de un conflicto son:**

a) Frustración, interpretación de la situación, acción, reacción de la otra parte y resultado.

b) Interpretación de la situación, mediación y solución.

c) Inicio del conflicto, interpretación de la situación, resultado.

De ampliación

2.1. **Relaciona los colectivos de mujeres que se encuentran en situación de mayor vulnerabilidad.**

2.2. **Define el síndrome de la mujer maltratada y especifica sus características.**

2.3. **Detalla las áreas que se deben recoger en el Plan de Actuación Individualizado (PAI), y la información que debe recogerse en cada una de ellas.**

2.4. **Relaciona las habilidades básicas que debe tener la escucha activa.**

2.5. **Define asistencia jurídica gratuita y sus características.**

3. Procesos de sensibilización, formación y capacitación en materia de violencia de género

Contenido

En este capítulo trataremos de conocer los procesos de sensibilización en materia de violencia de género, por lo que es necesario conocer que cuando hablamos de sensibilización y prevención lo hacemos para referirnos a diferentes estrategias de intervención social, ya que ambas pretenden objetivos distintos, aunque complementarios.

En el caso concreto de la violencia contra las mujeres, con la sensibilización se pretende que este fenómeno no permanezca oculto, que se conozcan y entiendan sus causas y que cada individuo tome un papel activo de manera personal o colectiva en combatirla. Sensibilizar no es tan solo informar. La información es imprescindible, pero insuficiente.

En cuanto a la prevención, iría más allá de la sensibilización en los resultados que pretende, ya que actúa sobre las causas y no solo sobre los efectos. Prevenir significa evitar que ocurra. En el proceso para conseguir el cambio necesario a través de la prevención, la información y la sensibilización son pasos imprescindibles, pero también insuficientes. En la prevención, la línea de actuación pasa necesariamente por la educación y la formación. Se trata de educar para la adquisición de conocimientos, valores, actitudes y competencias que eviten la violencia futura.

3.1. LOCALIZACIÓN DE GUÍAS Y MATERIALES PARA LA SENSIBILIZACIÓN Y LA PREVENCIÓN DE LA VIOLENCIA DE GÉNERO

El **Plan Nacional de Prevención y Sensibilización de la Violencia de Género** se construye fundamentalmente en torno a dos parámetros de actuación:

- **LA PREVENCIÓN,** distinguiendo los **niveles de prevención** primaria (cuando el conflicto no ha surgido aún), secundaria (con la presencia de conflicto) y terciaria (arbitrando procesos de protección a la víctima declarada como tal a todos los efectos). La asunción de los tres niveles de prevención exige contar con recursos e instrumentos de socialización y de restauración de un plan de vida de las mujeres víctimas de violencia de género: recuperar su identidad como persona para evitar que se reproduzcan conductas de subordinación en otras relaciones. Mantener la identidad de víctima, aún sin pretenderlo, puede suponer un obstáculo para que las mujeres construyan un concepto de sí mismas que les permita restaurar su proyecto vital.

- **LA SENSIBILIZACIÓN,** dotando a la sociedad de los instrumentos cognitivos necesarios para que sepa reconocer cuándo se inicia o se está ante un proceso de violencia y qué papel asumen las mujeres y los hombres como víctimas y agresores. Es preciso aumentar el grado de implicación de la sociedad que ha mantenido las relaciones de pareja dentro de los estrechos límites de la privacidad donde cualquier intervención era considerada en términos de «injerencia». La condición ciudadana implica que todos los ciudadanos y las ciudadanas disfruten de unos mismos derechos y que cualquier vulneración de los mismos debe contar con una respuesta de rechazo rotunda. En este sentido, la violencia de género, para que se comprenda en todas sus dimensiones, requiere que se conozca en profundidad.

La **Fundación Mujeres a través del Observatorio de la Violencia de Género** dispone de una página web «Banco de Buenas prácticas» en la que se recoge una recopilación en base de datos de legislación vigente, programas y servicios, —cuya eficacia ha sido demostrada—, con el objetivo de convertirse en un instrumento de consulta y apoyo para aquellas personas que trabajan con mujeres víctimas de violencia de género.

Se organiza de la siguiente manera:

- Prevención:
  - Sensibilización.
  - Formación.
  - Investigación.
- Prestación de servicios:
  - Recursos de refuerzo.
  - Recursos de intervención.
  - Intervención ambulatoria.
  - De orientación e información.
  - De acogida.
  - Intervención con la mujer prostituida.
  - Intervención con varones violentos.
- Coordinación
- Legislación
- Otros

Una de las novedades de esta página es que permite a las personas que la consultan participar, aportando información sobre aquellas iniciativas que hayan obtenido buenos resultados, lo que la convierte en una herramienta interactiva y viva.

Algunos de los materiales y guía más destacados son:

Sensibilización por parte de la Delegación del Gobierno contra la Violencia de Género:

- **#ConSENTIDO.** Cuyo objetivo es poner de manifiesto la violencia sexual como una de las formas de violencia más sistémicas y más normalizadas, buscando su rechazo de manera individual y colectiva. Busca sentar los conceptos que permitan construir la cultura del consentimiento apelando para ello al sentido común.

- **#VasAHacerAlgo.** Dirigida a sensibilizar a la sociedad sobre la necesidad de actuar ante cualquier caso de violencia de género en su entorno. La campaña nace desde la necesidad de que los entornos de las víctimas tengan un papel más activo en la prevención de la violencia de género, «fundamental para seguir avanzando». Es también una forma de mostrar a los agresores que están solos, porque las víctimas cuentan con el apoyo de todos sus entornos, de toda la sociedad.

- **#SerLibres. Estar Viva. España.** Campaña de concienciación contra la violencia machista realizada en verano de 2023. Entre sus objetivos se encuentran concienciar contra las distintas maneras de violencia contra las mujeres, identificar y denunciar toda forma de violencia e informar sobre los diferentes servicios de atención integral que las víctimas tienen a su disposición.

Figura 3.1. La campaña, con el lema «Ser Libre. Estar Viva. España», tiene entre sus objetivos concienciar contra las distintas maneras de violencia contra las mujeres, identificar y denunciar toda forma de violencia e informar sobre los diferentes servicios de atención integral que las víctimas tienen a su disposición.

Esta campaña formó parte del Plan de Publicidad y Comunicación Institucional 2023, coincidiendo con el periodo estival, en el que es prioritario, tal y como se recogió en el Catálogo de Medidas Urgentes del Plan de Mejora y Modernización contra la violencia de género, elaborar y difundir campañas de concienciación en el marco de la acción sostenida temporal para la erradicación de la violencia machista, especialmente en aquellos periodos en los que la convivencia puede incrementar las agresiones.

- **Campaña Querernos Vivas, Querernos Libres.** Su objetivo es detectar la violencia sexual y mostrar todos los recursos disponibles para erradicarla, así como para acompañar y proteger a las víctimas. En ella se presentan diversas situaciones que pueden ayudar a la sociedad a identificar violencias sexuales que podrían suceder en nuestro entorno cercano y concienciar también a quienes deben evitarlas. Por otro lado, se quiere insistir en el hecho de que cada vez hay más recursos para asesorar, proteger y reparar a las víctimas. Se trata de una campaña dirigida a la población en general, pero orientada especialmente a la gente joven, compuesta por diferentes piezas que narran tres situaciones sucedidas en lugares distintos, donde se ha sufrido violencia sexual en el ámbito digital, en la infancia y en ocio nocturno. Cada historia concluye mostrando los recursos a disposición de las víctimas para su atención, acompañamiento y asesoramiento: 016, Puntos Violeta y profesionales como las Fuerzas y Cuerpos de Seguridad. La campaña presenta historias basadas en hechos reales, situadas en época estival, narradas con un tono sobrio y que ponen el foco en las diferentes caras que tiene la violencia sexual, a la vez que transmite confianza en la respuesta de las instituciones.

- **Campaña #MachismoEsViolencia.** Es una campaña de concienciación social dirigida a la población general #MachismoEsViolencia. El objetivo principal es dar cumplimiento al Convenio de Estambul y al Pacto de Estado contra la Violencia de Género, concienciando a la ciudadanía para identificar violencias contra las mujeres que pueden normalizarse y pasar desapercibidas. Para ello varios hombres exponen algunas acciones que son violencia machista, finalizando el *spot* con la reflexión: «Eres parte de la solución».

Puedes encontrar más campañas en la siguiente dirección:

https://violenciagenero.igualdad.gob.es/sensibilizacionconcienciacion/campannas/violenciagobierno/

> Reflexiona:
>
> ¿Crees que este tipo de campañas alcanza su objetivo de sensibilizar?
>
> Reflexiona pensando en distintos grupos como jóvenes, personas de la tercera edad y personas con discapacidad, entre otros.

3.2. PROCEDIMIENTOS PARA LA SENSIBILIZACIÓN DE LA CIUDADANÍA EN EL CONTEXTO DE INTERVENCIÓN

La **Ley Orgánica 1/2004, de 28 de diciembre, de Medidas de Protección Integral contra la Violencia de Género,** mandata la elaboración de un Plan Nacional de Sensibilización y Prevención de la Violencia de Género, con el objetivo de introducir «en el escenario social las nuevas escalas de valores basadas en el respeto de los derechos y libertades fundamentales y de igualdad entre hombres y mujeres, así como en el ejercicio de la tolerancia y de la libertad dentro de los principios democráticos de convivencia, todo ello desde la perspectiva de género», dicho Plan, además, deberá dirigirse «tanto a hombres como a mujeres desde un trabajo comunitario e intercultural».

Para convertir al **Plan Nacional de Prevención y Sensibilización** en una verdadera herramienta de intervención, se ha identificado una serie de ejes prioritarios de actuación. Entre estos ejes, se encuentra el **Eje E «información»** que destaca la necesidad de trabajar por sensibilizar, visualizar y concienciar a la sociedad sobre la violencia de género como un problema público que atenta contra nuestro sistema de valores, especialmente a la juventud y a los colectivos vulnerables, de forma que se utilicen los medios más adecuados para ofrecer información accesible a cada grupo de población.

Dentro de las medidas concretas que se establecen en el Plan Nacional, se encuentran:

- La creación de una página web contra la violencia de género accesible para las personas con discapacidad.

- La elaboración de guías y folletos en varios idiomas y accesibles para las personas con discapacidad para la difusión permanente de los derechos y recursos existentes.

- La elaboración de folletos específicos para mujeres mayores.

- Publicación periódica de la estadística estatal sobre la evolución del fenómeno violento.

Debe ser prioritario, en la atención a las víctimas de violencia de género, la detección temprana de las situaciones de maltratos y, para ello, es necesario, no solo que las mujeres que lo padecen sean conscientes de ello y lo denuncien, sino también contar con la implicación de toda la ciudadanía. El apoyo social es fundamental en la ruptura y en la salida del círculo de la violencia.

Las diferentes Administraciones elaboran herramientas que tienen como objetivo dar información y pautas ante una posible situación de violencia de género en el entorno próximo.

Se pretende con ello sensibilizar a la ciudadanía y facilitarles orientaciones básicas para favorecer su acceso a los diferentes recursos existentes, permitiendo una actuación más temprana y adecuada a cada caso.

Para ello se trabajan los siguientes aspectos:

- Conocer las diferentes modalidades de violencia de género.
- Romper con los mitos sobre la violencia de género.
- Cómo reconocer la violencia de género.
- Cómo ayudar a una víctima de violencia de género.
- Dónde acudir ante un caso de malos tratos.

Ejemplos de otros materiales de sensibilización de la Delegación del Gobierno contra la Violencia de Género

- **Carteles y dípticos sobre los primeros signos de maltrato.**

Figura 3.2. Es muy importante tener información sobre ciertos comportamientos, actitudes, comentarios u omisiones son manifestaciones de la violencia de género, para poder reconocer si existe un posible maltrato.

Figura 3.3. Tan importante como conocer los primeros signos es tener información sobre los derechos que te asisten y los recursos con los que cuentan las víctimas de violencia de género.

Estos materiales se pueden encontrar en la página web de la Delegación del Gobierno contra la Violencia de Género traducidos a varios idiomas con el objetivo de facilitar su acceso a todas las mujeres y a la población en general, que pudiera necesitar información. Asimismo, se encuentran adaptados con lectura fácil para personas con algún tipo de diversidad funcional.

Figura 3.4. El objetivo de esta campaña es sensibilizar a las mujeres en situaciones de violencia de género para que hablen con el personal sanitario de su centro de salud y le cuenten la situación por la que están pasando.

Esta campaña se desarrolla a través de la Delegación del Gobierno contra la Violencia de Género con el objetivo de proporcionar información detallada y sencilla sobre los derechos de la mujer víctima, y sobre cómo puede asesorarse con el fin de ayudarla a salir de la situación en la que se encuentra.

No puede obviarse que el destino de las víctimas de trata con fines de explotación sexual es la prostitución. Por ello, la demanda de servicios sexuales se identifica como una de las principales causas de este grave atentado contra los derechos humanos. El rechazo de la sociedad ante el consumo de personas es fundamental para su erradicación.

• A través de los siguientes códigos QR puedes obtener información sobre las **campañas de sensibilización que realizan las comunidades autónomas,** y los diferentes organismos o entidades autonómicas encargadas de su realización:

Andalucía. Campañas del Portal de Igualdad de la Junta de Andalucía.	
Aragón. Campañas del Instituto Aragonés de la Mujer.	
Asturias. Campañas del Instituto Asturiano de la Mujer.	
Cantabria. Campañas del Gobierno de Cantabria.	
Castilla-La Mancha. Campañas del Instituto de la Mujer de Castilla-La Mancha.	
Castilla y León. REACCIONA: detecta y actúa contra la violencia de género. Campaña de la Junta de Castilla y León.	
Cataluña. «El silencio es violencia». Campaña del Institut Català de les Dones.	
Ceuta. «No estás sola». Centro Asesor de la Mujer de Ceuta.	

Comunidad de Madrid. Campaña de la Comunidad de Madrid, No te Cortes, para prevenir la violencia de género entre los jóvenes que hace especial hincapié en las redes sociales y nuevas tecnologías.

Campaña «Con tu pareja no permitas los malos tratos».

Comunidad Valenciana. «Contigo por una vida sin maltrato». Portal de la Generalitat Valenciana para la sensibilización, concienciación y apoyo contra la violencia de género.

Extremadura. Campaña «Hombres contra la Violencia Machista. Damos la cara». Desarrollada por el Ayuntamiento de Badajoz y el Instituto de la Mujer de Extremadura, y promovida por la Asociación de Hombres por la Igualdad de Género (AHIGE).

Galicia. Campañas de la Secretaría General de Igualdad de la Xunta de Galicia con motivo del 25-N.

Islas Baleares. Instituto Balear de la Mujer. Conjunto de materiales didácticos y de sensibilización para prevenir la violencia de género.

Islas Canarias. Campaña «A veces el monstruo está cerca...». Campaña de sensibilización sobre la violencia vicaria del Gobierno de Canarias.

La Rioja. Vídeo Campaña «Pon tu Acento contra la Violencia de Género». Gobierno de La Rioja.

Melilla. Aplicación Test de Pareja Saludable de la Ciudad Autónoma de Melilla.

Murcia. Campaña 25 de noviembre «¿Te duele leerlo? imagínate vivirlo».

Navarra. «La Mano Lila». Campaña del Gobierno de Navarra para visibilizar el firme posicionamiento de la sociedad en contra de la violencia de género.

País Vasco. Campaña «Beldur Barik» del Gobierno Vasco a través del Instituto Vasco de la Mujer para la prevención de la violencia sexista entre jóvenes.

ACTIVIDAD 3.1

Busca información sobre campañas de sensibilización y prevención de la violencia de género de las principales ciudades españolas: Madrid, Barcelona, Sevilla, San Sebastián, Valencia, y realiza una comparativa con el tipo de medidas.

3.3. PROCEDIMIENTOS DE COORDINACIÓN CON ASOCIACIONES DE MUJERES DEL ENTORNO DE INTERVENCIÓN

El **Plan Nacional de Sensibilización y Prevención de la Violencia de Género,** considera que existen tres tipos de agentes responsables de la aplicación de las medidas específicas de intervención, y estos básicamente son:

- poderes públicos,

- entidades sociales,

- y personas expertas.

La **Ley Orgánica 1/2004,** establece, en su artículo 29, la creación de la **Delegación del Gobierno para la Violencia de Género,** con la función de proponer la política del Gobierno contra las distintas formas de violencia de género e impulsar, coordinar y asesorar en todas las medidas que se lleven a cabo en esta materia.

Dependen de la Delegación del Gobierno, con nivel orgánico de Subdirección General, diversos órganos, entre los que se encuentran la **Subdirección General de Sensibilización, Prevención y Conocimiento de la Violencia de Género,** encargada, entre otras, de la realización de las siguientes funciones:

- La **promoción de la colaboración y participación de las entidades, asociaciones y organizaciones** que, desde la sociedad civil, actúan contra las distintas formas de violencia de género a la hora de programar y poner en práctica mecanismos y actuaciones tendentes a erradicar este fenómeno.

En este apartado vamos a focalizar nuestra atención en las entidades sociales y organizaciones de mujeres. Son impulsoras de los nuevos escenarios sociales que construir, y tienen un protagonismo decisivo porque están en contacto con la realidad y porque son dinamizadoras, ya que tienen capacidad para impulsar acciones que generan cambios sociales.

Las entidades sociales pueden:

- Participar en la redefinición de la violencia contra las mujeres y proponer nuevas visiones para aproximarse al fenómeno.

- Cambiar la «identidad de víctima» por la de persona en fase de construir un proyecto en clave singular, donde el afecto no socave ningún derecho fundamental.

- Abandonar, en las intervenciones con víctimas de maltrato, los estrechos límites de lo personal para emprender análisis sociales basados en los problemas que conlleva el ejercicio del rol asignado a las mujeres.

- Fomentar y difundir experiencias de superación y de recuperación de mujeres a través de su autonomía y su empoderamiento, para que sirvan a otras mujeres como modelo.

- Aplicar un nuevo enfoque de masculinidad, donde las funciones tradicionales de dominación se perciban como «déficits» y no como méritos propios de la misma.

En nuestro país existen numerosas asociaciones de mujeres, y algunas de hombres, que luchan contra la violencia de género.

El origen de las mismas suele estar en la unión de mujeres que han vivido situaciones de violencia, y que una vez han sobrevivido a los malos tratos ayudan, sin ánimo de lucro, a otras muchas mujeres a salir de esta situación.

Cada entidad tiene sus objetivos, una filosofía que inspira su forma de actuar, unos valores y un código ético, pero, en general, las **actividades** que se suelen poner en funcionamiento son:

- **Atención a la mujer víctima y a sus hijos e hijas:** informándolas de los pasos que deben seguir para salir de la situación de maltrato y les aseguran que en todo momento estarán apoyadas.

- **Acompañamientos y seguimientos:** las acompañan a interponer denuncia, al hospital tras una agresión, el día del juicio y en la tramitación de recursos. Y realizan seguimientos de los casos de forma continua para confirmar la seguridad de la mujer y la de sus hijos e hijas.

- **Fondo de emergencia social:** suelen disponer de un fondo de alimentos, ropa, zapatos, enseres, higiene, etc. para los casos de emergencia.

- **Talleres y grupos de autoayuda:** para la recuperación de las mujeres.

- **Charlas educativas y campañas de sensibilización** sobre la violencia machista.

En el siguiente enlace se puede encontrar información sobre entidades y/o asociaciones que trabajan en el ámbito de violencia de género:

https://violenciagenero.igualdad.gob.es/informacion-3/Asociaciones/

En cuanto a asociaciones de hombres que trabajan contra la violencia de género, destacamos la **Asociación de Hombres por la Igualdad de Género (AHIGE)**, cuyos fines son:

- La búsqueda de una nueva forma de ser hombre, a través de nuevos modelos de masculinidad; positivos, respetuosos, igualitarios y más libres.

- La lucha contra todo tipo de discriminación en razón de sexo, especialmente, contra las discriminaciones que sufren las mujeres.

Como iniciativa novedosa de esta entidad podemos destacar las **Ruedas de Hombres contra la Violencia Machista. Vivamos sin violencia, el silencio nos hace cómplices,** que son actos en los que los hombres, de forma pública, se posicionan contra la violencia machista, ya que consideran que dicha violencia no se puede considerar un problema exclusivo de las víctimas que la sufren, sino que es una cuestión que afecta a toda la sociedad.

Los **objetivos** que persiguen con la celebración de estos actos son dos:

- Posicionarse públicamente contra la violencia machista, haciendo visible a la sociedad y, especialmente, al colectivo masculino, la existencia de hombres que se implican activamente por la igualdad y contra la violencia.

- Invitar a los hombres a que participen en las manifestaciones contra la violencia de género que se celebren el 25 de noviembre, Día Internacional contra la Violencia de Género.

3.4. PROCEDIMIENTOS PARA TRABAJAR EN COORDINACIÓN CON EL ENTORNO EDUCATIVO: PROFESORADO, PADRES Y MADRES, Y ALUMNADO

Si pretendemos atajar de forma efectiva la violencia de género, debemos ir más allá, la prevención parte de la sensibilización, pero va un poco más allá, ya que pretende atajar la violencia de género desde sus raíces, el fin es el cambio de mentalidades, la eliminación de actitudes sexistas arraigadas en la sociedad que crean el caldo de cultivo para la violencia de género.

Por eso es imprescindible intervenir y trabajar dentro del entorno educativo con los miembros de la comunidad educativa.

Podemos hablar de tres niveles de prevención:

1. **Prevención primaria:** pretende el cambio y modificación estructural de los valores sociales tradicionales y el fomento de principios igualitarios que permitan la creación de unas relaciones no violentas. Por lo que la intervención en el ámbito educativo es de crucial importancia con el objetivo de conseguir que las futuras generaciones no establezcan relaciones de desigualdad y no normalicen los aspectos más sutiles de la violencia de género.

2. **Prevención secundaria:** la formación complementaria y el reciclaje profesional dirigidos a los ámbitos profesionales que pueden intervenir en la detección temprana o en situaciones de violencia hacia la mujer (sanitario, policial, judicial, educativo y de servicios sociales).

3. **Prevención terciaria:** se refiere a la puesta en marcha de servicios y recursos de atención y asistencia a mujeres víctimas de violencia de género, cuyo objetivo sea restituir el proyecto de vida de la mujer, haciendo desaparecer las secuelas físicas y psicológicas de la violencia.

El **Plan Nacional de Sensibilización y Prevención de la Violencia de Género,** dentro de sus ejes prioritarios de actuación establece en su Eje F: *Educación. Es fundamental educar en la igualdad entre mujeres y hombres y en el respeto de los derechos y libertades fundamentales, desde la infancia y hasta la educación de personas adultas, implicando a padres y madres y al conjunto de la comunidad educativa y, en particular, a los órganos directivos de los centros de enseñanza. Constituye, a su vez, una tarea primordial dotar de los instrumentos que permitan la detección precoz de la violencia de género que se produzca en la familia del alumnado y en el seno del entorno escolar.*

Dentro de este eje, se fija una serie de medidas en torno a cuatro bloques. Destacamos las siguientes:

- **Formación y sensibilización de la comunidad educativa:**
  - Elaboración de un programa nacional de mínimos de formación del profesorado en materia de igualdad.
  - Diseñar un módulo de formación específica sobre violencia de género dirigida a los equipos directivos, los departamentos de orientación, tutores y tutoras y personas designadas en los consejos escolares. Esta formación debe capacitar en la detección precoz de esta violencia.

— Formación para personas educadoras del ámbito de la educación no formal.

— Elaboración de guías de buenas prácticas de educación para la igualdad.

— Elaboración y difusión de guías dirigidas a la detección precoz en el ámbito escolar de la violencia de género que se produce en el ámbito familiar.

- **Revisión de los materiales educativos:**

— Constitución de grupos de trabajo en las inspecciones educativas para la revisión de los contenidos de los libros de texto y materiales didácticos, con la finalidad de eliminar los estereotipos sexistas o discriminatorios y fomentar la igualdad entre hombres y mujeres.

— Elaboración y difusión de una guía sobre lenguaje no sexista.

- **Incorporación de la educación en igualdad en los contenidos curriculares:**

— Elaboración entre el Ministerio de Educación y las CC. AA. de un proyecto coeducativo común para impartir en los centros de enseñanza primaria y secundaria, que contemple dentro de los currículos las enseñanzas fundamentales para el desarrollo de la autonomía y la educación en el respeto y el reconocimiento de igual valor de las personas, potencien la capacidad crítica ante la violencia y promuevan prácticas educativas igualitarias.

— Elaboración y difusión de materiales coeducativos de referencia.

— Incorporación de la coeducación en los reales decretos por los que se establecen las enseñanzas mínimas en todos los niveles de educación.

- **Movilización de la comunidad educativa:**

— Promoción de programas educativos innovadores en materia de coeducación y prevención de la violencia, con la finalidad de difundirlos como modelo de buena práctica. Estos programas deberán contemplar la realidad del alumnado con discapacidad, inmigrantes o pertenecientes a minorías étnicas.

— Elaboración y difusión de materiales para visualizar la violencia de género como problema social y reconocer la importancia del papel de la familia en la educación.

— Elaboración de una guía dirigida a padres y madres para la prevención en violencia de género.

— Elaboración de una guía dirigida a adolescentes para que identifiquen en sus primeros estadios la manifestación del fenómeno violento.

El **proyecto WOMPOWER** en su «Guía para responsables de políticas públicas: recomendaciones para la prevención y el abordaje de la violencia de género» establece una serie de **recomendaciones en materia de educación y formación:**

- La promoción de educación sexual en todos los niveles educativos adaptada a cada edad y centrada en la libre y responsable decisión de las personas. Esta educación sexual debe aportar conocimientos, competencias y valores que permitan a la gente joven ejercer sus derechos sexuales y reproductivos y tomar sus propias decisiones en materia de salud y sexualidad.

- Atender, desde todos los ámbitos y niveles educativos, a los estereotipos de género, compensando así la falta de competencias individuales y familiares, las disfunciones existentes en el entorno familiar, la influencia negativa entre iguales, las condiciones adversas en el entorno y los mensajes sociales inapropiados.

- Revisión de materiales, programas didácticos y métodos de enseñanza, para que integren una perspectiva de género.

- Dar a conocer entre niñas y niños a referentes positivos de mujeres (pasados y actuales) para promover las relaciones igualitarias y contribuya a la erradicación de las desigualdades y la violencia de género.

- Formación del profesorado para identificar y eliminar posibles prejuicios de género en las actitudes y los comportamientos.

- Promoción de cursos de grado, posgrado y de formación permanente para profesionales de la atención directa en la detección y el abordaje de situaciones de violencia de género para que dispongan de herramientas apropiadas y de la seguridad necesaria para trabajar de forma eficaz con las víctimas de violencia de género.

- Proporcionar una atención adaptada a la diversidad cultural en el trabajo con las víctimas.

- Desarrollo de programas de formación que faciliten a hombres y mujeres los instrumentos necesarios para comprender, afrontar y transformar las estructuras sociales que operan en su ámbito de trabajo.

- Se recomienda la creación de bibliotecas digitales que ofrezcan a los y las profesionales acceso inmediato a estudios de investigación y materiales formativos con materiales adaptados a cada perfil.

- Promoción de la formación interdisciplinaria en el ámbito profesional, con el fin de mejorar la colaboración entre profesionales y, con ello, la salud y el bienestar de las víctimas de violencia.

Como ejemplo, podemos resaltar la **campaña de sensibilización de la Federación Española de Municipios y Provincias,** para trabajar la violencia de género desde los consejos escolares, proponiendo una serie de actividades y recursos para poder ponerla en marcha en cualquier centro educativo.

Se marca como **objetivo general:**

- Sensibilizar a la comunidad educativa en materia de violencia de género para conocer las características y dimensiones de esta problemática.

Objetivos específicos

- De actuaciones en el centro:

  — Desmontar mitos y estereotipos en torno a la violencia para apostar por la responsabilidad social.

  — Visualizar el fenómeno e informar sobre él para tomar conciencia y actuar.

  — Fomentar el cambio de creencias y actitudes e implicar al respecto de la violencia contra las mujeres.

  — Implicar al consejo escolar en la difusión de iniciativas y campañas de sensibilización puestas en marcha por el Gobierno local.

- De actuaciones fuera del centro:

  — Realizar actividades fuera del centro educativo para tomar conciencia del fenómeno de la violencia.

  — Implicar a las familias en la participación de acciones colectivas para prevenir la violencia.

ACTIVIDAD 3.2

La Federación Española de Municipios y Provincias (FEMP), a través de un convenio firmado con la Delegación del Gobierno contra la Violencia de Género, convoca anualmente el Concurso de Buenas Prácticas Locales contra la Violencia sobre las Mujeres con el objetivo de fomentar el intercambio de experiencias y reconocer las actuaciones más eficaces e innovadoras llevadas a cabo por las entidades locales.

En el año 2015, resultó premiado en el área de sensibilización el «Programa de Prevención de la Violencia de género dirigido a la comunidad educativa: «Pon fin a la violencia de género» del Ayto. de Alcobendas. Busca información y realiza un esquema con las principales medidas de este programa.

Puedes ampliar más información en:

https://violenciagenero.igualdad.gob.es/
profesionalesInvestigacion/educativo/

https://violenciagenero.igualdad.gob.es/
sensibilizacionconcienciacion/premios/premiosbuenaspracticas/ivconv/

3.5. PROCESOS DE CAPACITACIÓN Y FORMACIÓN DE PROFESIONALES DEL ENTORNO DE INTERVENCIÓN

En el **Plan Nacional de Sensibilización y Prevención de la Violencia de Género,** se establece como Eje Transversal I, la **formación y especialización de profesionales,** *es igualmente importante garantizar que los y las profesionales que atienden este fenómeno violento dispongan de una formación que les permita la prevención, la detección precoz, la asistencia y la atención de las víctimas y la rehabilitación del agresor.*

Dentro de este eje, se fija una serie de medidas en torno a tres bloques. Destacamos las siguientes:

- **Formación profesional inicial:**
  - Introducción de formación en igualdad en los ámbitos curriculares de todas las licenciaturas y diplomaturas.
  - Introducción de una asignatura instrumental de formación específica sobre violencia de género en los ámbitos curriculares de los cursos de formación profesional, diplomaturas, licenciaturas y programas de especialización de todos los profesionales que intervienen directamente en la prevención, atención, persecución y sanción de la violencia de género.

- **Formación especializada:**
  - Definición de criterios comunes de calidad para la formación de profesionales formadores.
  - Elaboración de módulos para la formación *online* de profesionales en materia de detección precoz e intervención ante situaciones de violencia de género.
  - Cursos dirigidos al personal que atiende los servicios de información administrativa del Estado para que faciliten una correcta información sobre los servicios y recursos existentes.

- **Materiales de referencia:**

  — Diseño de materiales de referencia para la formación básica en materia de igualdad y de violencia de género, en los que se aborde de forma específica la situación de las mujeres con mayor riesgo de sufrir violencia de género o con mayores dificultades para acceder a los servicios (mujeres con discapacidad, inmigrantes, mujer rural y población gitana).

Distintas universidades españolas han desarrollado títulos propios para formar profesionales en materia de igualdad y violencia de género, como, por ejemplo, la Universidad Complutense de Madrid, con el título de Experta/o en Igualdad e Intervención en Violencia de Género en Diversos ámbitos profesionales, en el que se trabaja la igualdad de **manera transversal** para dar las herramientas que permitan abordar la igualdad desde su base y trabajar eficazmente desde diferentes ámbitos para intervenir en violencia de género y trabajar en el ámbito de la igualdad de género.

La intervención se entiende en un sentido amplio e **implica la incorporación de profesionales de diferentes áreas:** medios de comunicación, educación, psicología, trabajo social, política y sociología, salud, investigación en el ámbito experimental, y un largo etcétera. El objetivo es **formar expertas/os en igualdad de género** que puedan trabajar en investigación y en **diferentes ámbitos profesionales,** vinculados a distintas disciplinas.

La UNED en cumplimiento del artículo 25 de la Ley Orgánica 3/2007, de 22 de marzo, para la igualdad efectiva de mujeres y hombres, ha creado el **Centro de Estudios de Género** con el objeto de coordinar e impulsar las actividades docentes e investigadoras directamente relacionadas con la materia de igualdad de género, partiendo de la premisa de que la perspectiva de género es una pieza clave en la formación e investigación universitaria de cualquier área del conocimiento científico.

Sus objetivos son:

- **Investigación.** Promocionar y coordinar proyectos sobre estudios feministas y de género, investigación avanzada, formación de investigadores cualificados, cooperación con otros centros y promoción de la investigación.

- **Docencia.** Formación de especialistas, con propuestas de incorporación de la perspectiva de género en todas las titulaciones de la UNED. Diseñará cursos que fomenten la igualdad efectiva entre mujeres y hombres.

La UNED tiene varios títulos propios relacionados con la igualdad, y más concretamente tiene un título propio específico en violencia de género, *Malos Tratos y Violencia de Género. Una Visión Multidisciplinar,* cuyo objetivo es capacitar al alumnado proporcionándole un conocimiento sobre la violencia de género, dándole las claves necesarias para identificar las situaciones en las que se produce. Realizado este acercamiento al tema, se estudian las medidas eficaces de protección y rehabilitación de las víctimas y, por último, los instrumentos necesarios para su prevención. La materia se estudia de forma integral, abordándola desde muy variados campos: educativo, psicológico, sociológico, sanitario, en los medios de comunicación, en la asistencia social, en las Fuerzas y Cuerpos de Seguridad en el mundo del Derecho, entre otros. El curso tiene como objetivo básico prioritario formar profesionales especializados en violencia de género, así como la profundización y comprensión de este tipo de violencia, sus mecanismos y las pautas para salir de la misma.

El **Instituto de las Mujeres,** con la cofinanciación del FSE, a través de la **Escuela Virtual de Igualdad,** ofrece una formación *online* gratuita en materia de igualdad de oportunidades entre mujeres y hombres, con una metodología ágil y flexible, dirigida a todas las personas interesadas y con diferentes niveles de especialización.

Los objetivos de la **Escuela Virtual de Igualdad** son:

- Sensibilizar a hombres y mujeres en el valor de la igualdad como eje para el desarrollo social.

- Promover que el empleo sea un ámbito donde mujeres y hombres se desarrollen profesionalmente en iguales condiciones de capacidad y oportunidad.

- Apoyar las potencialidades de las mujeres y la atención a sus necesidades sociales, para su pleno desarrollo en igualdad.

- Dotar a las empresas y otras entidades de herramientas que fomenten la igualdad de oportunidades entre mujeres y hombres y el equilibrio entre la vida personal, familiar y profesional de toda la plantilla.

- Facilitar a las y los miembros de las Fuerzas y Cuerpos de Seguridad un mayor conocimiento sobre aquellos temas relacionados con la integración de la perspectiva de género en su práctica profesional y sus estructuras.

- Facilitar a profesionales vinculados al ámbito jurídico conocimientos y metodologías para que incorporen la perspectiva de género en la aplicación práctica de la normativa, con el fin de lograr la igualdad real entre mujeres y hombres.

La Escuela Virtual de Igualdad ofrece **la siguiente formación:**

- **A nivel básico:**

  — Curso «Sensibilización en Igualdad de Oportunidades». Su duración es de 40 horas.

  — Curso «Formación en igualdad de oportunidades: aplicación práctica en el Ámbito de las Fuerzas y Cuerpos de Seguridad». Su duración es de 40 horas.

- **Nivel avanzado:**

  — Curso «Igualdad de oportunidades: aplicación práctica en el Ámbito del Empleo». Su duración es de 75 horas.

  — Curso «Igualdad de oportunidades: aplicación práctica en Servicios Sociales». Su duración es de 75 horas.

  — Curso «Igualdad de oportunidades: aplicación práctica en la Empresa y los RR. HH.». Su duración es de 75 horas.

  — Curso «Igualdad de oportunidades: aplicación práctica en el Ámbito Jurídico». Su duración es de 75 horas.

- **Cursos de igualdad en la empresa:**

  — Curso «Diseño y aplicación de planes y medidas de igualdad en las empresas. Nivel básico». Su duración es de 40 horas.

  — Curso «Diseño y aplicación de planes y medidas de igualdad en las empresas. Nivel avanzado». Su duración es de 75 horas.

Puedes ampliar más información en:

http://www.escuelavirtualigualdad.es/

Toda persona profesional que trabaje con víctimas de violencia machista debe formarse para **ser capaz de:**

- Proporcionar una **atención integral, continuada y de calidad** desde la perspectiva de género.

- Aplicar el **protocolo** de actuación establecido.

- Facilitar la **mejora de la calidad y de la equidad** en la atención a las mujeres en situación de maltrato.

- **Apoyar a las Administraciones** en la organización de formación compartiendo los procesos, materiales y buenas prácticas.

Los **contenidos básicos** que debe incluir la formación en violencia de género son:

- Conceptos básicos sobre género y desigualdad.

- Conceptos básicos sobre violencia de género.

- El impacto de la violencia sobre las mujeres.

- La actitud del personal.

- Actuación en atención primaria y atención especializada.

- Valoración.

- Recursos y derivaciones.

- Aspectos éticos y legales.

3.6. ACTUACIONES ESPECÍFICAS CON MENORES AFECTADOS POR SITUACIONES DE VIOLENCIA DE GÉNERO

La OMS considera que el maltrato infantil son «todas las formas de maltrato físico y/o psicológico, abuso sexual, tratamiento negligente o comercial u otra forma de explotación que cause o pueda causar daño a la salud de los niños y las niñas, a su supervivencia o dignidad en el contexto de una relación de responsabilidad, confianza o poder», por lo que la exposición a la violencia de género puede ser conceptualizada como una forma más de maltrato infantil.

Los niños y las niñas que asisten a episodios de violencia, sufren una forma de maltrato emocional cuyas consecuencias pueden incluso sentirse a nivel físico. La violencia de género siempre impacta y ocasiona daños en el niño, niña o adolescente tanto si ha sufrido directamente los malos tratos como si los ha presenciado o ha oído o ha observado los efectos de la violencia en su madre.

El manual **«Intervención con niños, niñas y adolescentes en situaciones de violencia machista desde el sistema público de servicios sociales de la ciudad de Barcelona»** se exponen los daños que la violencia machista ocasiona en menores:

- Problemas de socialización.

- Síntomas depresivos.

- Miedos.

- Alteraciones del sueño.

- Síntomas regresivos.

- Problemas de integración en la escuela y de aprendizaje.

- Respuestas emocionales y de comportamiento que evidencian sufrimiento: rabia, cambios repentinos de humor, ansiedad, etcétera.

- Síntomas de estrés postraumático.

- Parentalización de los niños y adolescentes (asumir el rol parental).

También influye en las dinámicas familiares al normalizar la dominación continuada del hombre sobre la mujer y legitimar la dominación y el abuso de una persona sobre otra como forma de relación interpersonal.

Como la violencia de género busca someter la voluntad de la mujer y empequeñecerla, con frecuencia, daña las habilidades de la mujer maltratada como madre:

- Merma su capacidad de empatizar con sus hijos e hijas.

- Anula o desacredita su autoridad.

- Altera su capacidad para poner límites y marcar normas a los hijos e hijas de forma razonable.

- Se puede producir una interacción distorsionada de los roles materno y filial: adultización o infantilización y sobreprotección.

- Tienen serias dificultades para manejar la sobrecarga de cuidar de los hijos e hijas y, al mismo tiempo, hacer el esfuerzo de afrontar y superar la situación de violencia vivida.

El manual también pone de manifiesto la existencia del riesgo de que la violencia familiar se convierta en modelo de aprendizaje para el niño, la niña o adolescente y que interiorice un modelo de relaciones interpersonales basado en la desigualdad y el sometimiento de unas personas sobre otras. Puede darse que:

- El niño o la niña interiorice la violencia y sus roles asociados (agresor o víctima) como pauta de conducta en sus interacciones sociales y/o de pareja.

- Que asuma un rol u otro (agresor y víctima) en función de la posición en que se sitúe en cada relación personal, de modo que pueda actuar como persona agresora y también como víctima según el tipo de relación de que se trate y la posición de poder que ocupe.

Por otro lado, establece una tipología del **posicionamiento del niño, niña o adolescente** ante la relación parental en situaciones de violencia machista de carácter orientativo para aportar pautas indicativas útiles de intervención:

- La violencia como pauta «normalizada» de conducta: considera que no pasa nada, que es normal.

- La negación como mecanismo de defensa: no la acepta porque no la puede afrontar.

- Se siente la causa de la violencia: el único o la única responsable.

- El niño, niña o adolescente triangulado: se encuentra en medio de la relación parental y se siente responsable de influir en la dinámica familiar para evitar los estallidos de violencia.

- Se sitúa al lado de la madre y puede colocarse en dos posiciones diferentes: delante de la madre (para protegerla) o detrás (sintiéndose indefenso).

- Se sitúa al lado del padre: hacen una elección sobre con quién quieren estar y eligen al padre.

La **Red de Atención Integral para la Violencia de Género de la Comunidad de Madrid** establece un **programa específico de atención a mujeres adolescentes víctimas de violencia de género en sus relaciones de pareja y a sus familias.**

El **objetivo** de dicho programa es reconocer y atender la violencia de género en la que la víctima directa sea una mujer menor de edad, estableciendo un primer nivel de consulta y orientación a través de un servicio gratuito, seguro y confidencial de atención mediante una línea de ayuda *online,* un servicio de línea telefónica y una dirección de correo electrónico, y un segundo nivel de atención e intervención a través de una unidad de atención psicológica especializada a chicas adolescentes menores de edad víctimas de violencia de género en sus relaciones de pareja. Ofrece atención y asesoramiento a sus familias.

Nuevas formas de violencia de género a través de las redes sociales

Las redes sociales generan nuevas formas de violencia de género entre la juventud, si antes solo se relacionaba la violencia de género con la agresión física que sufría una mujer cuando era golpeada por la pareja, en la actualidad hay que ampliar el marco en el que se pueden generar conductas agresivas y de acoso que también son calificadas como violencia de género.

Internet se ha convertido en el nuevo espacio donde las parejas tienden a compartir su relación con otras personas. Un lugar sin compromisos a corto plazo, pero que queda registrado y a la larga puede afectar al futuro de quienes protagonizan estas descargas, fotografías o comentarios en las redes.

Es evidente que la violencia contra las mujeres está presente en todos los ámbitos sociales, por lo que el desarrollo de las nuevas tecnologías ha favorecido la aparición de nuevos ámbitos y escenarios en los que ejercer la violencia de género, afectando de manera especial a jóvenes y adolescentes.

Dada la importancia de estas actitudes, se han desarrollado estudios recientes que alertan a los jóvenes sobre las nuevas formas de violencia de género representada a través de las redes sociales, estableciendo que un **30 % de los jóvenes** entre 15 y 29 años ve aceptable **controlar los horarios** de la pareja y un 15 % **decidir por el otro** qué debe hacer. Un 5 % en hombres y un 4 % en mujeres aceptan insultar verbalmente o desprestigiar a la pareja.

Figura 3.5. Las redes sociales generan nuevas formas de violencia de género entre la juventud, y el desarrollo de las nuevas tecnologías ha favorecido nuevos ámbitos y escenarios que afectan de manera especial a mujeres jóvenes y adolescentes.
Fuente: Freepik.

Estudios recientes ponen de manifiesto que las redes sociales y los teléfonos móviles son los principales medios para ejercer el ciberacoso y la violencia de género en parejas jóvenes. Además revelan que el acoso a través de las nuevas tecnologías se ha convertido en una forma cada vez más común de ejercer este tipo de violencia.

El ciberacoso se considera violencia de género ya que dichos comportamientos, utilizando las TIC, tienen como objetivo la dominación, la discriminación y, en definitiva, el abuso de la posición de poder donde el hombre acosador tiene o ha tenido alguna relación afectiva o de pareja con la mujer acosada.

Este acoso debe ser repetitivo, no consentido, debe suponer una intromisión en la vida privada de la víctima y, el motivo de dicho acoso, debe estar relacionado en alguna medida con la relación afectiva que tienen o tuvieron acosador y acosada.

Esta definición se aplica a la población juvenil, dado que es este grupo poblacional el que asume de manera cotidiana el uso de las TIC en general, y especialmente internet y las redes sociales y es, por tanto, el segmento social más expuesto a este pernicioso fenómeno.

El auge de las nuevas tecnologías ha provocado que se genere una nueva violencia que golpea, sobre todo, a chicas adolescentes menores de edad. Se basa, principalmente, en acoso sexual por parte de desconocidos a través de Instagram, TikTok, X, WhatsApp o Facebook entre otras, y también en el control que llegan a ejercer las parejas de estas jóvenes en su teléfono móvil o en sus contactos en la red.

El ciberacoso es un conjunto de comportamientos mediante los cuales una persona, un conjunto de ellas o una organización usan las TIC para hostigar a una o más (Torres, A.). Dichos comportamientos incluyen, aunque no de forma excluyente, amenazas y falsas acusaciones, suplantación de la identidad, usurpación de datos personales, daños al ordenador de la víctima, vigilancia de las actividades de la víctima, uso de información privada para chantajear a la víctima, etcétera.

Podríamos definir el ciberacoso como forma de ejercer la violencia de género que implica todo un conjunto de consecuencias que afecta a las víctimas en el plano de su emotividad individual, puesto que las sensaciones de agobio, culpabilidad, vergüenza y miedo rompen sus equilibrios emocionales, así como en sus relaciones sociales tanto en el mundo físico como en el mundo *online,* haciendo resaltar su mayor fragilidad y vulnerabilidad individual y social.

Una representación de este tipo de prácticas, aunque no son las únicas:

- Distribuir en internet una imagen comprometida de contenido sexual (real o trucada), o datos susceptibles de perjudicar a la víctima.

- Dar de alta a la víctima en un sitio web donde puede estigmatizarse y ridiculizar a una persona. Por ejemplo, donde se escoge a la persona más tonta, más fea, etcétera.

- Crear un perfil o espacio falso en nombre de la víctima en el que esta comparte intimidades, realiza demandas y ofertas sexuales explícitas, etcétera.

- Usurpar la identidad de la víctima y, en su nombre, hacer comentarios ofensivos o participaciones inoportunas en chats de tal modo que despierte reacciones adversas hacia quien en verdad es la víctima.

- En la misma línea, provocar a la víctima en servicio web que están vigilados de tal forma que esta tenga una reacción desproporcionada y se vea excluida del chat, comunidad virtual, etc. en la que estaba participando.

- Con frecuencia los ciberacosadores engañan a las víctimas haciéndose pasar por amigos o por una persona conocida con la que conciertan un encuentro digital para llevar a algún tipo de acoso *online.*

- Divulgar por internet grabaciones con móviles o cámara digital en las que se intimida, pega, agrede, persigue, etc. a una persona. El agresor se complace no solo del acoso cometido, sino también de inmortalizarlo, convertirlo en objeto de burla y obtener reconocimiento por ello. Algo que se incrementa cuando los medios de comunicación se hacen eco de ello.

- Dar de alta en determinados sitios la dirección de correo electrónico de la persona acosada para convertirla en blanco de *spam,* contactos con desconocidos, etcétera.

- Asaltar el correo electrónico de la víctima accediendo a todos sus mensajes o, incluso, impidiendo que el verdadero destinatario los pueda leer.

- Hacer correr falsos rumores sobre un comportamiento reprochable atribuido a la víctima, de tal modo que quienes lo lean reacciones y tomen represalias en contra de la misma.

- Enviar mensajes ofensivos y hostigadores a través de *e-mail,* SMS o redes sociales.

- Perseguir e incomodar a la persona acosada en los espacios de internet que frecuenta de manera habitual.

- Acosar a través de llamadas telefónicas silenciosas, o con amenazas, insultos, con alto contenido sexual, colgando repetidamente cuando contestan, en horas inoportunas, etcétera.

ACTIVIDADES FINALES

De comprobación

3.1. Los niveles de la prevención son:

a) Primero, segundo y final.

b) Primaria, secundaria y terciaria.

c) Prevención indicada, selectiva y generalizada.

3.2. La campaña #VasAHacerAlgo, consiste en:

a) Dirigida a sensibilizar a la sociedad sobre la necesidad de actuar ante cualquier caso de violencia de género en su entorno.

b) Prevención dirigida a los varones adolescentes, con el objetivo de prevenir comportamientos agresivos.

c) Campaña de sensibilización dirigida a los medios de comunicación, sobre cómo debe informar de casos de violencia de género.

3.3. El objetivo principal es dar cumplimiento al Convenio de Estambul y al Pacto de Estado contra la Violencia de Género, concienciando a la ciudadanía para identificar violencias contra las mujeres que pueden normalizarse y pasar desapercibidas, es el objetivo de la campaña:

a) #ViolenciaMataMujeres.

b) #Nomásviolencia.

c) #MachismoEsViolencia.

3.4. La Delegación del Gobierno para la Violencia de Género se crea:

a) En el artículo 29 de la Ley Orgánica 1/2004.

b) En el Título preliminar de la Ley Orgánica 1/2004.

c) En el Real Decreto 774/1997, de 30 de mayo, por el que se establece la nueva regulación del Instituto de la Mujer.

3.5. Las entidades sociales y organizaciones de mujeres son importantes porque:

a) Se manifiestan en las calles, y consiguen visibilizar mensajes.

b) Tienen un protagonismo decisivo porque están en contacto con la realidad y porque son dinamizadoras, ya que tienen capacidad para impulsar acciones que generan cambios sociales.

c) Consiguen subvenciones de las instituciones públicas.

3.6. Indica cuáles son los objetivos que se han marcado las asociaciones de hombres contra la violencia machista en los actos de visibilización que realizan:

a) Posicionarse públicamente contra la violencia machista, haciendo visible a la sociedad y, especialmente, al colectivo masculino, la existencia de hombres que se implican activamente por la igualdad y contra la violencia.

b) Invitar a los hombres a que participen en las manifestaciones contra la violencia de género que se celebren el 25 de noviembre, Día Internacional contra la Violencia de Género.

c) Todas las respuestas anteriores son correctas.

3.7. El proyecto WOMPOWER en su «Guía para responsables de políticas públicas: recomendaciones para la prevención y el abordaje de la violencia de género» establece una serie de recomendaciones en materia de educación y formación, entre las que se encuentran:

a) La promoción de educación sexual en todos los niveles educativos adaptada a cada edad, y dar a conocer entre niñas y niños a referentes positivos de mujeres (pasados y actuales) para promover las relaciones igualitarias y contribuya a la erradicación de las desigualdades y la violencia de género.

b) Recomienda no intervenir en centros escolares con el tema de la violencia de género, porque no es asunto público, sino privado.

c) Corresponde a los equipos directivos de los centros educativos realizar campañas educativas.

3.8. **Qué universidad española ha creado el Centro de Estudios de Género con el objeto de coordinar e impulsar las actividades docentes e investigadoras directamente relacionadas con la materia de igualdad de género, partiendo de la premisa de que la perspectiva de género es una pieza clave en la formación e investigación universitaria:**

a) La UCM.

b) La UNED.

c) La Universidad Europea.

3.9. **Toda persona profesional que trabaje con víctimas de violencia machista debe formarse para ser capaz de:**

a) Proporcionar una atención integral, continuada y de calidad desde la perspectiva de género, aplicar el protocolo de actuación establecido y facilitar la mejora de la calidad y de la equidad en la atención a las mujeres en situación de maltrato.

b) Saber reconocer los signos del maltrato y conocer recursos a los que derivar a las mujeres víctimas.

c) Debe tener conocimientos teóricos para reconocer qué es violencia de género.

3.10. **El ciberacoso se considera violencia de género porque:**

a) Dichos comportamientos tienen como objetivo la dominación, la discriminación y, en definitiva, el abuso de la posición de poder donde el hombre acosador tiene o ha tenido alguna relación afectiva o de pareja con la mujer acosada.

b) Las imágenes que se publican se comparten y pueden utilizarse en contra de quien las envía.

c) El ciberacoso no es violencia de género.

De ampliación

3.1. Relaciona los primeros signos de maltrato.

3.2. Explica la función de la Delegación del Gobierno para la Violencia de Género.

3.3. Relaciona las actividades que con más frecuencia suelen poner en funcionamiento las entidades sociales.

3.4. Detalla los objetivos de la Escuela Virtual de Igualdad.

3.5. Especifica los contenidos básicos que debe incluir la formación en violencia de género.

Glosario de términos

- **ACOMPAÑAMIENTO.** Trabajo con las víctimas en las diferentes fases o etapas del caso, teniendo en cuenta sus propias necesidades.

- **ATENCIÓN.** Brindar servicios especializados que reconozcan tanto las causas como las consecuencias de la violencia y que las combatan desde la integralidad.

- **CIBERACOSO.** Amenazas, hostigamiento, humillación u otro tipo de molestias realizadas por un adulto contra otro adulto por medio de tecnologías telemáticas de comunicación, es decir: internet, telefonía móvil, videoconsolas *online,* etcétera.

- **COLECTIVOS DE MUJERES ESPECIALMENTE VULNERABLES.** Situación de las mujeres que, por sus circunstancias personales y sociales, puedan tener mayor riesgo de sufrir la violencia de género o mayores dificultades para acceder a los servicios previstos en la ley, tales como las pertenecientes a minorías, las inmigrantes, las que se encuentran en situación de exclusión social o las mujeres con discapacidad.

- **DISCRIMINACIÓN DIRECTA.** Se considera discriminación directa, la situación en la que se encuentra una persona que sea, haya sido o pudiera ser tratada, en atención a su sexo, de manera menos favorable que otra en situación comparable.

- **DISCRIMINACIÓN INDIRECTA.** Se considera discriminación indirecta por razón de sexo la situación en que una disposición, criterio o práctica aparentemente neutros pone a personas de un sexo en desventaja particular con respecto a personas del otro, salvo que dicha disposición, criterio o práctica puedan justificarse objetivamente en atención a una finalidad legítima y que los medios para alcanzar dicha finalidad sean necesarios y adecuados.

  En el caso de la violencia de género, son datos obtenidos de la historia social y médica, y denotan la probabilidad de que exista maltrato teniendo que ser corroborada posteriormente con otro tipo de valoraciones.

- **ESTEREOTIPO.** Idea y creencia que determina un modelo de conducta social basado en opiniones preconcebidas, que adjudican valores y comportamientos a las personas en función de su grupo de pertenencia, por ejemplo, el sexo.

- **ESTEREOTIPOS DE GÉNERO.** Considerado como un subtipo de los estereotipos sociales en general, el de género consiste en un conjunto de creencias de origen y desarrollo sociohistórico, relativas a lo que en un contexto cultural específico se considera normal y típico en las mujeres y en los varones.

- **FEMINISMO.** Corriente de pensamiento en permanente evolución por la defensa de la igualdad de derechos y oportunidades entre ambos sexos. Constituye una forma diferente de entender el mundo, las relaciones de poder, las estructuras sociales y las relaciones entre los sexo.

- **GÉNERO.** Se entiende por género la construcción social y cultural que define las diferentes características emocionales, afectivas, intelectuales, así como los comportamientos que cada sociedad asigna como propios y naturales de hombres o de mujeres.

- **IGUALDAD DE TRATO.** Supone la ausencia de toda discriminación, directa o indirecta, por razón de sexo en los ámbitos económico, político, social, laboral, cultural y educativo, en particular, en lo que se refiere al empleo, a la formación profesional y a las condiciones de trabajo.

- **IMPACTO DE GÉNERO.** Consiste en identificar y valorar los diferentes resultados y efectos de una norma o una política pública en uno y otro sexo, con objeto de neutralizar los mismos para evitar sus posibles efectos discriminatorios.

- **INDEFENSIÓN APRENDIDA.** Es una teoría que permite explicar y comprender los procesos por los que un individuo es incapaz de reaccionar ante situaciones dolosas para sí mismo. Se basa en la idea de que cuando las acciones que un sujeto realiza para modificar las cosas, no producen el fin previsto, provocan una inhibición del individuo que lo convierten en sujeto pasivo.

- **INDICADOR.** Medida numérica o valor que describe la situación o condición de un fenómeno particular. Un indicador es un instrumento que permite a las y los actores de un proyecto observar y medir resultados.

- *MAINSTREAMING.* Término anglosajón que se utiliza para designar la integración de la dimensión de género en las políticas generales, de tal forma que el principio de igualdad se constituya en el eje vertebrador de las mismas. Implica que se deben tener en cuenta las cuestiones relativas a la igualdad de oportunidades entre hombres y mujeres de forma transversal en todas las políticas y acciones y no abordar este tema únicamente bajo un enfoque de acciones directas y específicas a favor de las mujeres.

- **MITOS.** Los mitos sobre la violencia de género son ideas previas o prejuicios que suelen utilizarse como justificantes sociales para evitar reconocer la magnitud y gravedad de este tipo de violencia.

- **MITOS NEGACIONISTAS.** Lo que pretenden es negar datos, aportando otros que supuestamente anulan los datos reales de la violencia de género.

- **MITOS SOBRE LA MARGINALIDAD.** Son aquellos que sitúan la violencia de género en el terreno de la excepcionalidad, fruto de circunstancias no habituales, por lo que no se puede considerar un problema universal.

- **MITOS SOBRE LAS MUJERES MALTRATADAS.** Estos mitos victimizan doblemente a las mujeres, ya que las responsabilizan de lo que les sucede, bien porque ellas mismas atraen la violencia o bien porque la consiente o solicitan.

- **MITOS SOBRE LOS MALTRATADORES.** Basados en los factores personales del hombre concreto que le llevan hasta la violencia y que consiguen exonerarlo de cualquier culpa.

- **ORDEN DE PROTECCIÓN.** Es una resolución judicial que, en los casos en que existan indicios fundados de la comisión de delitos o faltas de violencia doméstica y exista una situación objetiva de riesgo para la víctima, ordena su protección mediante la adopción de medidas cautelares civiles y/o penales, además de activar las medidas de asistencia y protección social necesarias, por remisión de la Orden de Protección a los Puntos de Coordinación de las comunidades autónomas.

- **PATRIARCADO.** Literalmente significa «gobierno de los padres», podríamos definirlo como un sistema u organización social de dominación masculina sobre las mujeres que ha ido adoptando distintas formas a lo largo de la historia.

- **PREVENCIÓN.** Estrategia que busca la intervención coordinada de las instituciones públicas y privadas, así como de los actores sociales, para anticiparse, detectar y disminuir las dinámicas sociales que generan contextos de violencia de género y que permite aminorar el nivel de riesgo de que esta ocurra, con el fin de generar una cultura que favorezca la resolución pacífica de conflictos y ciudades seguras para todas y todos.

- **PRINCIPIO DE IGUALDAD.** Principio jurídico que ampara la igualdad entre los sexos y condena la discriminación. Viene a recordar que todas las personas somos iguales ante la ley. Es sinónimo del principio de no discriminación.

- **PROGRAMA DAPHNE.** Su objetivo específico es contribuir a prevenir y combatir todas las formas de violencia, tanto si ocurren en la esfera pública como en la privada, que afecten a los niños, los jóvenes y las mujeres, incluidas la explotación sexual y la trata de personas, mediante la adopción de medidas preventivas y la oferta de apoyo y protección a las víctimas y grupos de riesgo.

- **PROGRAMA PROGRESS (2007-2013).** Programa comunitario para el empleo y la solidaridad social a través del que se financian las acciones de la UE en materia de igualdad de género.

- **PUNTO DE COORDINACIÓN.** Unidad administrativa en la que los juzgados remiten las Órdenes de Protección de las mujeres víctimas de violencia de género y, desde donde se facilita el acceso en tiempo real a las ayudas que son solicitadas por la víctima o que resultan necesarias por su situación, la de sus hijas e hijos y otras personas dependientes a su cargo, realizándose el seguimiento, la coordinación y la evaluación de las mismas.

- **SEXISMO.** Mecanismo por el cual se conceden privilegios o se practica discriminación contra una persona en razón de su sexo, impidiendo la realización de todo el potencial humano que posee.

- **SEXO.** El sexo viene determinado por la naturaleza, una persona nace con sexo masculino o femenino. En cambio, el género, varón o mujer, se aprende, puede ser educado, cambiado y manipulado.

- **TRATA.** La trata de personas se define como la captación, el traslado, el transporte, la acogida o la recepción de una persona utilizando la violencia, amenazas, engaño, rapto, el abuso de poder o abuso de la situación de vulnerabilidad u otros elementos de coacción con el fin de someterla a explotación y lucrarse con su actividad. La trata de personas es una violación de derechos humanos que se manifiesta en la actualidad como un grave problema de carácter internacional.

- **VICTIMIZACIÓN PRIMARIA.** Es la que sufre la víctima de un delito que le acarrea unas consecuencias físicas, psicológicas, económicas y otras relacionadas con su entorno social.

- **VICTIMIZACIÓN SECUNDARIA.** Engloba la relación y experiencia personal de la víctima con el sistema policial y judicial o las instituciones que la atienden, que puede llegar a no ser positivo.

- **VICTIMIZACIÓN TERCIARIA.** Cuyas consecuencias y efectos son provocados por el contexto social que nos rodea y derivadas del trato dado.

- **VIOLENCIA DE GÉNERO.** (BOE, 2004), «actuar contra la violencia que, como manifestación de la discriminación, la situación de desigualdad y las relaciones de poder de los hombres sobre las mujeres, se ejerce sobre estas por parte de quienes sean o hayan sido sus cónyuges o de quienes estén o hayan estado ligados a ellas por relaciones similares de afectividad, aun sin convivencia», y que «comprende todo acto de violencia física y psicológica, incluidas las agresiones a la libertad sexual, las amenazas, las coacciones o la privación arbitraria de libertad».

- **VIOLENCIA DE PAREJA.** La ejerce la pareja o expareja afectiva sobre la mujer. No entenderíamos violencia de género si es ejercida por una mujer sobre un hombre, ya que no se producen las condiciones anteriores, puesto que la mujer no posee una situación privilegiada frente al hombre.

- **VIOLENCIA DOMÉSTICA.** Se refiere a la violencia ejercida dentro de un grupo de convivencia doméstica. Consideraríamos violencia de género si quien la ejerce es un hombre sobre una mujer

- **VIOLENCIA ECONÓMICA.** Dentro de la que se incluye la privación intencionada, y no justificada legalmente, de recursos para el bienestar físico o psicológico de la mujer y de sus hijas e hijos o la discriminación en la disposición de los recursos compartidos en el ámbito de la pareja.

- **VIOLENCIA FAMILIAR.** La que se da en el ámbito de un núcleo familiar pero solamente podríamos hablar de violencia de género cuando es ejercida por un miembro masculino sobre una mujer de esa familia, por lo que no sería de género si la ejerce, por ejemplo, una madre sobre su hijo o hija.

- **VIOLENCIA FÍSICA.** En la que incluiríamos cualquier acto de fuerza contra el cuerpo de la mujer, con resultado o riesgo de producir lesión física o daño, ejercida por quien sea o haya sido su cónyuge o esté o haya estado ligado a ella por análoga relación de afectividad, aún sin convivencia.

- **VIOLENCIA PSICOLÓGICA.** Incluye toda conducta, verbal o no verbal, que produzca en la mujer desvalorización o sufrimiento, a través de amenazas, humillaciones o vejaciones, exigencia de obediencia o sumisión, coerción, insultos, aislamiento, culpabilización o limitaciones de su ámbito de libertad, ejercida por quien esté o haya estado ligado a ella por análoga relación de afectividad, aún sin convivencia. Asimismo, tendrán la misma consideración aquellos actos ejercidos por hombres en el entorno familiar o entorno social y/o laboral de la mujer.

- **VIOLENCIA SEXUAL Y ABUSOS SEXUALES.** En este tipo estaría incluido cualquier acto de naturaleza sexual forzada por el agresor o no consentida por la mujer, abarcando la imposición, mediante la fuerza o con intimidación, de relaciones sexuales no consentidas, y el abuso sexual, con independencia de que el agresor guarde o no relación conyugal, de pareja, afectiva o de parentesco con la víctima.

Bibliografía

Álvarez Álvarez, Á. (2002). *http://www.mujeresenred.net*. Obtenido de *http://www.mujeresenred.net/IMG/pdf/guiamalostratos-alvarez.pdf*

BOE (2004). *https://www.boe.es/buscar/act.php?id=BOE-A-2004-21760*. Obtenido de *https://www.boe.es/*

Ferrer-Pérez, V. A., y Bosch-Fiol, E. (2012). *Nuevo mapa de los mitos sobre la violencia de género en el siglo xx*. Obtenido de *http://www.redalyc.org/articulo. oa?id=72723959007*

Lorente, M. (2000). *http://criminet.ugr.es/*. Obtenido de *http://criminet.ugr.es/ recpc/recpc_02-07.html*

Naciones Unidas (20 de diciembre de 1993). Obtenido de *http://www.ohchr.org/ SP/ProfessionalInterest/Pages/ViolenceAgainstWomen.aspx*

Organización Panamericana de la Salud (2002). Obtenido de *http://www.who. int/violence_injury_prevention/violence/world_report/es/summary_es.pdf*

Peters, J. (2008). Measuring myths about domestic violence: Developmentand initial validation of the domestic violence myth acceptance scale. *Journal of Aggression, Maltreatment & Trauma*, 1-21.

Páginas web y documentos *online*

http://ayuntamientoboadilladelmonte.org/sites/default/files/guia_boadilla-amor_del_guapo.pdf

http://minoviomecontrola.com/ianire-estebanez/Ponencia.Del-amor-al-control-a-golpe-de-click.-La-violencia-de-genero-en-las-redes-sociales.Ianire-Estebanez.pdf

http://www.aulaviolenciadegeneroenlocal.es/consejosescolares/archivos/El_Ciberac_Juventud.pdf http://www.fundacionmujeres.es/maletincoeducacion/pdf/CUAD5horiz.pdf

http://www.fundacionmujeres.es/proyectos/view/banco_de_buenas_practicas_para_la_prevencion_de_la_violencia_de_genero_y_educar_en_igualdad_hacia_un.html

http://www.guiaviolenciadegenero.com/pdf/protocolo-punto-de-coordinacion.pdf

http://www.juntadeandalucia.es/export/drupaljda/MODULO_2_Intervencion_profesional_con_mujeres_victimas_de_violencia_de_genero_en_el_AMBITO_de_la_COMUNICACION_20120423.pdf

http://www.juntadeandalucia.es/export/drupaljda/Violencia_Genero_Documentacion_Red_Ciudadana_folleto.pdf

http://www.madrid.org/cs/Satellite?c=CM_Agrupador_FP&cid=1109266622857 0&idConsejeria=1109266187278&idListConsj=1109265444710&idOrganism o=1109266228570&language=es&pagename=ComunidadMadrid%2FEstruc- tura&pid=1109265444699

http://www.violenciagenero.msssi.gob.es/informacionUtil/derechos/docs/Guia_Derechos_2013.pdf

http://www.who.int/mediacentre/factsheets/fs239/es/

https://fundacionmujeres.es/

https://violenciagenero.igualdad.gob.es/

https://violenciagenero.igualdad.gob.es/otrasformas/violenciavicaria/

https://www.europarl.europa.eu/

https://www.unwomen.org/es/what-we-do/ending-violence-against-women/faqs/types-of-violence